W0316022

HECKEN

blv garten plus

Robert Markley

HECKEN

Die besten Arten

Pflanzen • Schneiden • Pflegen

blv

Inhalt

Außen Hecke, innen grün – die Vielfalt der Hecken 7

My home is my castle ... **7**
Lebensraum Hecke ... 7
Hecken sind die besseren Gartenzäune ... **7**
Beratung nutzen ... **8**
Heckentypen ... **9**
Sichtschutzhecken ... 9
Windschutzhecken ... 10
Einfassungen als Raumteiler im Garten ... 11
Lockere Blütenhecken – für alle, die viel Platz, aber wenig Zeit haben ... 12
Rhododendronhecken ... 17
Bambushecken ... 17
Staudenhecken ... 18
Schnelle Blütenzäune mit ein- und mehrjährigen Kletterpflanzen ... 19
Mobile Hecken im Kübel ... 20

Die schönsten Heckenpflanzen im Porträt 23

Laubgehölze für regelmäßig geschnittene Hecken (Formhecken) ... **24**
Nadelgehölze für regelmäßig geschnittene Hecken (Formhecken) ... **35**
Gehölze für lockere, nicht formierte Hecken (Blüten- und Fruchthecken) ... **39**

Heckenpraxis 65

Vielfältige Angebotsformen ... **65**
Wurzelnackte Gehölze ... 65
Containergehölze ... 66

Ballenware 66
Einkaufsquellen **67**
Postgutversand 67
Einkauf vor Ort 67
Qualität **69**
Drehwurzeln bei Containergehölzen 69
Ballenware 69
Preise **70**
Hecken durch Steckhölzer selbst vermehren **71**
Die Rechtslage **72**
Wenn es hart auf hart geht 72
Pflanzzeiten **73**
Bodenwahl – immer schön locker **75**
Licht und Schatten 75
Bodenvorbereitung **76**
Das Pflanzen **77**
Vorbereitungsschnitt 77
Grabenpflanzung 78
Düngung **81**
Wässern **83**
Heckenschnitt **84**
Lieber weniger und öfter 84
Schnitt-Termine 86
Das richtige Werkzeug 87
Heckenschnitt in der Praxis 88
Heckenbögen gestalten 90
Alte Hecken verjüngen 91
Alte Hecken ausbessern 91
Winterschutz **92**
Krankheiten und Schädlinge **92**

Bezugsquellen und Adressen **93**

Außen Hecke, innen grün – die Vielfalt der Hecken

Hecken sind weit mehr als eine langlebige Möglichkeit, mit wenig Platz ein Grundstück attraktiv abzugrenzen. Sie sind die wichtigsten Raumbildner unserer Gärten und hüten die Seele eines Gartens wie einen kostbaren Schatz.

My home is my castle

Im gartenverrückten England gilt dieses Motto als geflügeltes Wort. Auf Gartenbegrenzungen bezogen, zeigt es das Angenehme einer Hecke: Während massives Mauerwerk oder ein hoher Zaun als Einfriedung leicht einen Festungscharakter bekommt, der wenig einladend wirkt, übernimmt eine Hecke die gleiche Schutzfunktion wie ein Zaun, ohne das Grundstück starr und unfreundlich gegenüber dem Nachbarn abzugrenzen.
Hecken sind lebende Zäune, die auch ein Rückzugsreservat für viele Lebewesen darstellen. Kein technischer Zaun kann die zahlreichen lebenserhaltenden Aufgaben einer Hecke übernehmen.

◀ Gepflegte Formhecken sind nicht nur als attraktive Gartengrenzen gefragt: Sie können auch als Strukturbildner und Raumteiler dienen.

Lebensraum Hecke

Im Innern einer Hecke herrscht weit mehr Leben, als man von außen ahnt. Weil Hecken Temperaturextreme ausgleichen, nutzt eine erstaunliche Anzahl von Lebewesen die erhöhte Luftfeuchtigkeit und die durch verstärkte Taubildung feuchte Kühle innerhalb des Zweiggewirrs als behaglichen Unterschlupf. Besonders Hecken, die sich aus bedornten Gehölzen zusammensetzen, bieten Vögeln und anderen Tieren einen sicheren Platz zum Brüten. Fruchthecken erweitern mit ihrem Beerenangebot den Speiseplan der gefiederten Gartenbesucher. Für den Menschen bremsen Hecken die Windgeschwindigkeit, filtern Staub aus der Luft, mindern lärmenden Schall und produzieren Sauerstoff.
Diese wichtigen ökologischen Aufgaben erfüllen keineswegs nur Hecken aus Laubgehölzen. Auch nadelige Heckenpflanzen bilden durch ihre immergrüne Benadelung vor allem im Winter nicht einsehbare Schutzzonen für Vögel und Kleinsäuger.

My home is my castle: Mit geeigneten Heckenpflanzen sind der Kreativität keine Grenzen gesetzt.

Hecken sind die besseren Gartenzäune

Unter dem Begriff Hecke ist landläufig die Umfriedung eines Grundstücks zu verstehen. Seit Menschen Ackerbau betreiben und in Siedlungen leben, versuchen sie sich vor ungebetenen Besuchern – sei es Tier oder Mensch –, aber auch vor Naturgewalten wie dem Wind zu schützen. Bereits die Römer pflegten ein weit verzweigtes Netzwerk von Wallhecken. Diese Urhecken bestanden allerdings noch aus totem Flechtwerk, das um Pfähle geflochten wurde.

Die Urheckenform aus Weidenflechtwerk erlebt heute als naturnahes Heckenmodell eine Renaissance.

Wahrscheinlich begannen die Normannen ab dem 11. Jahrhundert damit, lebende Hecken anzupflanzen. Im mittelalterlichen England wurden Hecken bereits regelmäßig geschnitten. Sie sollten nicht zu hoch werden, damit Pferde sie noch überspringen konnten. Noch heute sind in England alte, endlos lange Heckenstreifen zu finden, die auf die frühe Heckenkultur um Gutshöfe und Ländereien zurückgehen.

Streng formierte Hecken erlebten im Barock ihre Blütezeit. Sie waren – neben den Formgehölzen – lebender Ausdruck einer formal ausgerichteten Gartenphilosophie der gesellschaftlichen Elite. Als unübersehbares Gestaltungselement prägten sie den Charakter vieler Schloss- und Villengärten. Höhepunkte ornamentaler Heckenkunst bildeten kunstvolle Labyrinthe und Irrgärten. Akkurat geschnittene Hecken waren das stilisierte Symbol eines nach ebenso strengen Hierarchien geordneten Weltbildes.

Die Nutzung der Hecken in mehr privaten Gärten ist bäuerlichen Ursprungs. Niedrige Buchshecken finden sich noch immer als festes Element eines üppigen Bauerngartens. Heute, in Zeiten einer immer dichter werdenden Besiedlung, dienen Hecken in erster Linie als Sichtschutz.

Eine Gartenhecke setzt sich aus einer Anzahl gleicher oder unterschiedlicher Sträucher zusammen. Diese Definition gilt sowohl für eine einfache Hecke, beispielsweise aus einfach in den Boden gesteckten Weidenhölzern, bis hin zu einer aus wertvollen Solitärpflanzen bestehenden Eibenhecke, die durchaus mehrere Tausend Euro kosten kann.

Beratung nutzen

Die Lehre des Feng Shui schätzt die Möglichkeit, mit Hecken die Wege des Chi, des Energiestromes, zu lenken. Durch ihre klaren Formen vermitteln Hecken Ruhe und finden sogar bei der Rekonvaleszenz Eingang, indem sie Genesende so lange abschirmen, bis diese sich wieder an unbegrenzte Eindrücke gewöhnt haben.

Die Kosten für eine Hecke sind kaum höher als für einen Zaun. Zu bedenken ist allerdings, dass mit der Wahl eines bestimmten Heckentyps eine Entscheidung für viele Jahre, wenn nicht gar Jahrzehnte getroffen wird. Hecken werden als Einheit geplant. Im Gegensatz zu Garten und Terrasse, wo ein erster Gestaltungsplan immer wieder korrigiert werden kann, lassen sich Änderungen und Ergänzungen bei einer Hecke später kaum umsetzen, ohne das Gesamtbild zu beeinträchtigen. Darum ist es sinnvoll, sich vor dem Kauf und dem Griff zum Spaten intensiv mit der Materie auseinanderzusetzen. Denn Hecke ist nicht gleich Hecke und in jedem Fall mehr als nur Thuja & Co.

Lernen Sie die Vielfalt der Hecken kennen – es lohnt sich. Und las-

Viele Heckenkoniferen sind Turbowachser und erreichen ungeschnitten leicht Höhen von zehn und mehr Metern.

sen Sie sich bei Ihrer Entscheidung nicht nur durch günstige Angebote im Handel leiten. Achten Sie neben dem Einkaufspreis auch auf andere Kriterien, beispielsweise den Schnittaufwand. Je schneller eine Heckenpflanze in der Baumschule heranwächst, desto billiger kann sie angeboten werden. Das vermeintliche Schnäppchen wird dadurch aber unter Umständen für Sie zum Bumerang, denn die »günstigen« Pflanzen wachsen auch bei Ihnen rasant weiter – vielleicht mehr, als Ihnen lieb ist. Die Folge: Je nachdem, wie weit sich die Hecke ausbreiten soll bzw. darf, müssen Sie durch häufige Schnittmaßnahmen dieser Wuchsfreudigkeit permanent Einhalt gebieten.

Langfristig sinnvoll ist es, sich für die eigenen Bedürfnisse mit Bedacht die richtigen Pflanzen auszusuchen. Die wichtigste Frage lautet: Welcher Heckentyp kommt meinen Wünschen am nächsten? Bei der Beantwortung dieser Frage soll Ihnen dieses Buch behilflich sein.

Heckentypen

Sichtschutzhecke

Die Wahl einer bestimmten Heckenform ist eine Frage des Geschmacks und der Platzverhältnisse. Schmal gehaltene Formhecken als Sichtschutz sind wohl am weitesten verbreitet. Entsprechende Heckenwände werden meist in einer Höhe zwischen 200 und 300 cm gehalten und können relativ schmal gezogen werden. Dieser Heckentyp entspricht dem Wunsch vieler Gartenfreunde

Eine auf den ersten Blick teure Eibenhecke kann auf Dauer die günstigere Lösung sein, weil sich der Schnittaufwand in Grenzen hält. Lassen Sie sich ausführlich beraten!

und Hausbesitzer, die sich mit möglichst wenig Platzverlust eine grüne Oase mit ungestörter Privatsphäre schaffen zu wollen. Gerade in Zeiten dicht besiedelter Wohngebiete, wo Häusern nur noch relativ kleine Grundstücke zugestanden werden, nimmt dieser Trend ständig zu. Eingearbeitete Flecht- und Lattenzäune ermöglichen es, auch schmale Sichtschutz-Hecken blickdicht zu gestalten. Zudem stabilisieren solche Konstrukte die Hecke zusätzlich.

Achten Sie bei der Pflanzenauswahl für regelmäßig geschnittene Hecken auf Gehölze, die nicht nur einen Schnitt ihrer jungen Triebe, sondern auch einmal einen kräftigen Rückschnitt bis weit in das alte Holz vertragen. Konische Heckenformen bleiben bis unten dicht. Bevor Sie Ihre Hecke anlegen, empfiehlt sich ein Gespräch mit dem Nachbarn. Informieren Sie sich über die Mindestabstände, die das Nachbarschaftsrecht zur Grundstücksgrenze hin vorsieht (siehe auch Seite 72). Außerdem ist eine hohe Sichtschutzhecke von über 200 cm ein markanter Eingriff in das Gartenbild mit teils folgenreichem Schattenwurf. Vielleicht können Sie sich mit dem Nachbarn sogar auf eine gemeinsame Hecke einigen, die mittig auf der Grenze gepflanzt wird. Dadurch sparen beide Geld, die Pflegearbeit lässt sich besser aufteilen und das vorhandene Gelände kann effektiver genutzt werden.

Raureifüberzogene Buchenhecken sind auch im Winter ein attraktiver Blickfang. Zudem halten sie dank ihres Winterlaubes bitterkalte Ostwinde von den Gartenpflanzen fern.

Windschutzhecken

Wer in einer windreichen Gegend lebt, weiß, wie schwer es sein kann, im eigenen Garten ein pflanzen- und tiergerechtes Kleinklima zu schaffen. Auch fehlende Schutzwälle für frostempfindliche Pflanzen können die Anlage einer Windschutzhecke rechtfertigen. Denn die meisten Winterschäden an wertvollen Gehölzen wie Rosenstämmchen oder immergrünen Laubsträuchern wie Rhododendron und Kirschlorbeer sind Trockenschäden, verursacht durch austrocknende kalte Winde aus dem frostigen Osten.
Mit einer Windschutzhecke eröffnen sich windgeplagten Grundstücksbesitzern ganz neue Perspektiven. Starre Zäune oder

geschlossene Mauern haben den entscheidenden Nachteil, dass sie den Wind total abblocken. Dadurch entstehen auf der Mauerrückseite Wirbelwinde, die zu Trockenschäden bei Pflanzen führen. Gut erkennen lässt sich die Wirkung dieser Wirbel an umgeworfenen, schrägen Pflanzen, wie man sie direkt hinter Mauern häufig findet. Durchlässige Windschutzhecken aus etwa Rot-Buchen oder Hainbuchen wirken dagegen wie Windfilter: Sie nehmen dem Wind die Kraft, lassen ihn aber passieren. Allerdings können Windschutzhecken diese Aufgabe natürlich nur erfüllen, wenn sie rechtwinklig zur Hauptwindrichtung stehen.

Kniehohe Einfassungshecken sind ein beliebtes Gestaltungsmittel in Bauerngärten. Die Minihecken unterstreichen eine ornamentale Gartenordnung, ohne allzu streng zu wirken.

Einfassungen als Raumteiler im Garten

Formhecken lassen sich nicht nur zur Umfriedung eines Grundstückes einsetzen, sondern können auch als Raumteiler innerhalb des Gartens dienen. Auch als niedrige Einfassung eignen sie sich bestens und schaffen in dieser Form auch im kleinen Garten eine formale Ordnung. Niedliche Mini-Bordüren aus klein bleibendem Einfassungsbuchs etwa bringen mit ihrem ornamentalen Charakter einen Hauch Barock ins private Grün. Dabei sind auch kleinste Hecken mehr als pure Ästhetik, denn sie übernehmen wie die Großen viele ökologisch wichtige Funktionen. Für Einfassungen eignet sich natürlich in erster Linie der Mini-Heckenklassiker Einfassungsbuchs. Daneben kommen aber auch *Pachysandra, Cotoneaster und Euonymus fortunei*-Sorten zum Einsatz. Bei den Stauden und Halbsträuchern spielen beispielsweise Katzenminze und Lavendel eine blüten- und duftreiche Einfassungsrolle. Beide entfalten himmlisch blaue Wälle, die viel Freude und wenig Arbeit machen.

Auch für Vorgärten gelangen aus Platzgründen mitunter nur niedrige Heckenvarianten in die nähere Auswahl. Diese sollten dann aber dicht und dornig sein, damit ungebetener Besuch

Wenn Ihnen vor allem aus Platzmangel der Weg zu einer lockeren Blütenhecke versperrt ist, können Sie die Strenge einer Formhecke dadurch auflockern, dass Sie Rosen, Gräser, Polsterstauden oder Heide vorpflanzen.

Hecken sollten immer nur einreihig angelegt werden. Zweireihige Hecken wirken zwar in den ersten beiden Jahren blickdichter, lassen sich wegen ihrer Breite auf Dauer aber immer schwer schneiden.

abgehalten wird. Bewährt hat sich hierfür beispielsweise die Kleine Blut-Berberitze *(Berberis thunbergii* 'Atropurpurea Nana'). Dieses Stehaufmännchen verträgt es auch, wenn der Rasenmäher einmal unbeabsichtigt auf Abwege gerät und wächst kleine »Seitenhiebe« innerhalb weniger Wochen wieder zu.

Lockere Blütenhecken – für alle, die viel Platz, aber wenig Zeit haben

Wenn von Hecken gesprochen wird, sind damit meist streng geschnittene Kastenformen gemeint, wie es sie in der freien Natur gar nicht gibt. Dabei geht es durchaus auch naturnah. Unter der Bezeichnung »lockere Hecke« etwa firmieren in der Regel ungeschnittene Blütenhecken. Ingredienzien dieser Blütenwälle sind Ziersträucher, die sich wegen (oder besser: dank) ihrer natürlichen Form nicht für einen strengen Schnitt eignen. Lockere Blütenhecken erreichen in Regel eine höhere Dichte mit besserem Lärmschutz als Formhecken. Dieser Heckentyp besteht entweder nur aus einer Pflanzenart oder aus einer Mischung vieler verschiedener Sorten. Je mehr Vielfalt eine Hecke aufweist, desto besser ist sie vor Krankheiten und Schädlingen geschützt. Ein Befall beispielsweise durch Raupen fällt in einer gemischten Hecke kaum auf, da er nur partiell auftritt. Blütenhecken brauchen keinen regelmäßigen Schnitt. Sie sind also ein heißer Tipp für alle Lazy-Gärtner, obwohl natürlich regelmäßige Pflege auch eine locker wachsende Blütenhecke immer schöner macht. Der Schnitt dieser Blütenhecken beschränkt sich jedoch auf das Auslichten, das Herausschneiden abgestorbener Triebe oder einfach darauf, die Hecke auf einer bestimmten Höhe zu halten. Dass diese Heckenform trotzdem wenig verbreitet ist, liegt in erster Linie daran, dass unsere heutigen durchschnittlichen Gartenmaße oft nicht den Raum für breite Heckenlösungen bieten. Deshalb finden Sie nachfolgend eine Reihe von Blütenheckenvorschlägen für große und mittelgroße Gärten. Die Pflanzenportraits (ab Seite 39) enthalten zudem Angaben zu

Wem ein entsprechend breiter Pflanzstreifen zur Verfügung steht, sollte auch die Möglichkeiten einer locker wachsenden Blütenhecke mit in seine Planungen einbeziehen.

den erwartenden Breiten und Höhen.
Im Prinzip können alle Straucherarten als Heckenpflanzen zum Einsatz kommen. Allerdings werden diejenigen bevorzugt vorgestellt, die schnell wachsen und gut konkurrenzfähig sind.
Noch ein Hinweis: Pflanzen Sie Blütenhecken nicht zu dicht.
Der Pflanzenbedarf lässt sich nicht generalisieren und nur für den Einzelfall angeben. In der Regel rechnet man aber mit 3 bis 5 Pflanzen pro m^2, die in einer gängigen Pflanzengröße (60 bis 100 cm Höhe) gekauft wurden. Wer trotzdem dichter pflanzen möchte, damit die Hecke schnell einen geschlossenen Eindruck macht, kann im Laufe der Jahre einzelne Gehölze herausnehmen, um so entsprechende Freiräume für die verbleibenden Heckenmitglieder zu schaffen.

Blütenhecken lassen sich nach Blütezeiten strukturieren. Diese Frühlingshecke beispielsweise sorgt im Wonnemonat Mai für einen Blütenrahmen, der Haus und Garten ziert.

Niedrige gemischte Blütenhecke bis 1,5 m Höhe

Sie haben einen Meter Platz bis zur Grundstücksgrenze in sonniger Lage frei? Dann könnte dieser Blütenheckentyp für Sie interessant sein. Blütenhecken müssen nicht immer einfarbig sein. Ein besonderer Genuss ist die Mischung verschiedener Blütenfarben und Blühzeiten, die rund um den Gartensommer für spektakuläre Kontraste sorgen. Gehölze wie Zierquitte *(Chaenomeles)*, Maiblumenstrauch *(Deutzia gracilis)*, Blauraute *(Perovskia abrotanoides)*, Fingerstrauch *(Potentilla fruticosa* Sorten), Kartoffelrose *(Rosa rugosa)*, Strauchrosen *(Rosa-Sorten)*, Spiere *(Spiraea-*Sorten) und Herbst-Flieder *(Syringa microphylla* 'Superba') bieten Ihnen die richtigen Zutaten für eine sehr vielgestaltige Heckenvariante, die während des ganzen Sommers Farbe zeigt. Dabei wird diese Hecke nicht zu hoch und kann immer wieder radikal verjüngt werden. Gut geeignet ist sie auch als Vorpflanzung vor einer größeren Schnitthecke.

Höhere gemischte Blütenhecke ab 1,5 m Höhe

Für diesen Heckentyp müssen Sie schon zwei Meter Breite entlang der Grundstücksgrenze erübrigen können. Der Raumverbrauch dieser Variante ist unbestritten und soll hier nicht heruntergespielt werden.
Nur auf einer entsprechenden Fläche entfaltet sich der spekta-

> Wertvolle Solitärgehölze wie Zaubernuss und Magnolie gehören nicht unbedingt in eine Hecke. Gönnen Sie diesen Edelsträuchern besser die Logenplätze in Ihrem Garten. In einer gemischten Hecke könnten sie nur mit einem sehr hohen Pflegeaufwand überdauern.

Schmetterlingssträucher sind dankbare Spätsommerblüher und als Heckenpflanzen nicht nur für die bunten Falter attraktiv. Schneiden Sie die Pflanzen im Frühjahr zurück.

kuläre Blütenwall. Mitglieder einer solchen Hecke könnten folgende Ziersträucher sein: Hängende Felsenbirne *(Amelanchier laevis* 'Ballerina'), Schmetterlingsstrauch *(Buddleia davidii*-Sorten), Gefüllter Sternchenstrauch *(Deutzia scabra* 'Plena'), Goldglöckchen *(Forsythia intermedia*-Sorten), Gefüllter Gartenjasmin *(Philadelphus* 'Virginal'), Großfrüchtige Blut-Pflaume *(Prunus cerasifera* 'Nigra') und Edel-Flieder *(Syringa vulgaris*-Sorten). Durch einen Verjüngungsschnitt lassen sich aus dem Ruder laufende Ausmaße immer wieder einfangen.

Gemischte Blütenhecke mit Osterblüte

Diese Heckenkombination bietet vor allem im April und Mai, also rund um das Osterfest, einen besonderen optischen Höhepunkt. Ziersträucher wie Goldglöckchen *(Forsythia intermedia*-Sorten), Gefüllter Ranunkelstrauch *(Kerria japonica* 'Pleniflora'), Großfrüchtige Blut-Pflaume *(Prunus cerasifera* 'Nigra'), Blut-Johannisbeere *(Ribes sanguineum* 'Atrorubens') und Spiere *(Spiraea*-Sorten) sind nicht nur absolut anspruchslos, sondern dürften auch Sparfüchsen entgegenkommen, die für möglichst wenig Geld eine farbenfrohe Hecke anlegen wollen. Aufgrund der günstigen Einkaufspreise können Sie größere Pflanzenmaße wählen, damit Sie bereits im ersten Jahr nach der Pflanzung voll auf Ihre Blütenkosten kommen.

Gemischte Blütenhecke mit Sommerblüte

Eine weitere preiswerte Heckenvariante, deren Hauptblütezeit aber im Sommer liegt, besteht aus Schmetterlingsstrauch *(Buddleia davidii*-Sorten), Gefülltem Sternchenstrauch *(Deutzia scabra* 'Plena'), Gefülltem Gartenjasmin *(Philadelphus* 'Virginal') und Glockenstrauch *(Weigela*-Sorten). Diese Ziergehölze sind so günstig zu erwerben, weil es den Baumschulen mit Fleiß und verbesserter Kulturtechnik in den letzten Jahren gelungen ist, viele Gehölze, die früher aufwändig veredelt werden mussten, durch Stecklinge zu vermehren. Diese Vereinfachung schlägt sich im Preis nieder. Für Garteneinsteiger bieten diese kostengünstigen Heckenbildner eine preisattraktive und problemlose Möglichkeit, erste eigene Erfahrungen mit Ziersträuchern und Bäumen zu sammeln.

Gemischte Blüten- und Laubhecke für vollsonnige, trockene Lagen

Ein Platz an der (vollen) Sonne ist nicht jeder Pflanze Sache. Und gerade wer in sommertrockenen Gebieten (Weinbaulagen) zu Hause ist, sollte bei der Anlage einer Hecke auch deren späteren Wasserbedarf im Auge behalten. Besonders genügsam und sonnenverträglich sind beispielsweise Bartblume *(Caryopteris*-Sorten), Roter Perückenstrauch (*Cotinus coggygria* 'Royal Purple'), Frucht-Sanddorn *(Hippophae rhamnoides*-Sorten) und die Rosa Frühlings-Tamariske *(Tamarix parviflora)*. Diese Pflanzen brauchen nur in den ersten Jahren bei extrem heißer Witterung eine Zusatzbewässerung. Einmal etabliert und gut eingewurzelt, überstehen sie später problemlos auch ausgeprägte Hundstage ohne zusätzliche Wassergaben.

Viele Blütensträucher sorgen im Herbst für einen optischen Nachschlag: War der Oktober sonnenreich, entledigen sie sich ihres Laubkleides auf eine besonders spektakuläre Art und Weise.

Gemischte Blütenhecke mit Jahreszeitenaspekt

Eine Vier-Jahreszeit-Hecke mit Blütensträuchern sendet zahlreiche Blumengrüße über den Gartenzaun. Der Weißbunte Purpur-Hartriegel *(Cornus alba* 'Sibirica Variegata') ist mit seinem weißbunt panaschierten Laub und seinen Früchten den ganzen Sommer über präsent. Spektakulär präsentiert sich beim Niedrigen Korkflügelstrauch *(Euonymus alatus* 'Compactus') die feuerrote Herbstfärbung. Die Kartoffelrose *(Rosa rugosa)* und Strauchrosen-Sorten *(Rosa*-Sorten) blühen von Mai bis Oktober und schließen das Jahr mit einem üppigen Hagebuttenbehang ab. Diese Heckenvariante verbindet das Angenehme mit dem Nützlichen, denn zum dichten Sichtschutz zur Straße hin kommen gleichzeitig hübsches Laub, üppiger Fruchtbehang und eine auffallende Blütenfülle. Voraussetzung für die ganze Pracht ist allerdings ein sonniger Standort.

Besonders zur Straßenseite hin sorgen Blütenhecken für ein farbenfrohes Gesamtbild mit hohem Ökonutzen.

Wildhecke aus heimischen Gehölzen

Natur pur bietet diese Heckenform, die den Gedanken naturnaher Lebensgemeinschaften unterstützt. Sie ist beispielsweise dort passend, wo ein Grundstück direkt an Wiesen und Waldungen grenzt und ein naturnaher Übergang sinnvoll erscheint. In der freien Natur gelten Kornelkirsche *(Cornus mas)*, Schlehe *(Prunus spinosa)* und Hunds-Rose *(Rosa canina)* als die wichtigsten Heckenpflanzen überhaupt.
Mit ihnen lässt sich auch im gezähmten Naturraum Garten gestalten, denn man kann sie »auf den Stock setzen«, d.h. sie vertragen – wenn nötig – einen radikalen Rückschnitt bis auf 20 cm. Die Büsche treiben dann wieder neu aus.
Eine Wildhecke hat uns Gartenfreunden viel zu bieten: Hecken aus heimischen Gehölzen erfüllen viele Aufgaben, die zur Erhaltung und Sicherung der

Artenvielfalt beitragen, und eine große Anzahl von Tieren ist an ihre Existenz gebunden. Darüber hinaus gleichen Hecken Wetterextreme aus und gewähren zahlreichen Lebewesen wie Vögeln und anderen Tieren Brut- und Nistschutz. Heckenfrüchte erleichtern die erfolgreiche Futtersuche der Vögel erheblich.

Die »Königin der Blumen« ist auch die Königin der Blütenhecken: Vital-wüchsige und robuste Strauchrosen sorgen sommerlang auf sonnigen Standorten für Duft und Farbe.

Blütenhecke für bodenfeuchte Schattenlagen

Schatten ist nicht gleich Schatten. Mauerschatten beispielsweise wird von vielen Ziergehölzen viel besser vertragen als in den meisten Gartenbüchern dargestellt. Deshalb beschreiben Gärtner solche Lagen auch häufig als absonnig anstatt schattig, weil Licht die Pflanzen indirekt erreicht. Eine echte Wachstumsbremse ist jedoch der dunkle Schatten von Baumkronen oder großen Sträuchern. Hier sorgt nicht nur der Lichtmangel für widrige Bedingungen, auch Trockenheit, Tropfenfall und Wurzeldruck erschweren das Wachsen und Gedeihen. Unser Heckenvorschlag ist für die erstgenannten absonnigen Lagen ersonnen, die zwar keine direkte Sonne erfahren, aber durch eine ausreichende Bodenfeuchtigkeit gekennzeichnet sind. Hierher passen der Kleinblumige Johannisstrauch *(Hypericum* 'Hidcote'), der Gefüllte Ranunkelstrauch *(Kerria japonica* 'Pleniflora') und die Fasanenspiere *(Physocarpus*-Sorten).

Entfernen Sie bei einer jungen Rhododendronhecke die verwelkten Blüten. Der komplette Blütenstand bricht leicht ab, wenn Sie ihn zur Seite biegen. Vorsicht, wenn die neuen Knospen bereits ausgetrieben sind. Danach muss die Rhododendronpflanze gut ernährt und mit Wasser versorgt werden. Denn mit dem neuen Wachstum wird bereits die Knospenanzahl und -größe für das nächste Frühjahr festgelegt.

Rosenhecken lieben Sonne

Hecken aus öfter blühenden Strauch- oder Flächenrosen können zahlreiche naturnahe Funktionen im Hausgarten übernehmen. Sogar aus Beetrosen und Alten Rosen kann eine Hecke gebildet werden. Eine Rosenhecke bedingt allerdings zwangsläufig eine dichte Pflanzfolge. Und daraus resultiert ein höherer Befallsdruck durch Pilzkrankheiten. Wichtig ist deshalb die Wahl robuster Sorten und ein sonniger Standort. Für Neueinsteiger bieten Strauchrosen aufgrund ihrer Robustheit und Wüchsigkeit die besten Erfolgsaussichten.

Je nach Größe des Gartens lassen sich Rosenhecken niedrig bis mannshoch gestalten. Lässt man sie locker und ungeschnitten wachsen, bilden sie farbenprächtige Blütenwälle mit hohem ökologischen Nutzen. Besonders empfehlenswert ist die Kombination wuchsähnlicher, aber verschiedenfarbig blühender Rosensorten.

Rhododendronhecken

Rhododendren kamen aus dem Fernen Osten nach Europa. Seit mehr als 200 Jahren sorgen sie im April und Mai für ein Blütenmeer in unseren Gärten. Auch als Heckenpflanzen sind Rhododendron wahre Blütenzauberer. Allerdings können sie nur innerhalb eines bestimmten Säurewertebereichs des Bodens ausreichend viele Nährstoffe aufnehmen, und bedürfen deshalb einer gewissen gärtnerischen Pflege. Vor allem in sommertrockenen Gebieten mit kalkreichen Böden sind ansehnliche Rhododendronhecken nur mit einer gründlichen Bodenvorbereitung möglich. Zu hohe pH-Werte über 5,5 führen rasch zu Mangelerscheinungen.
Am liebsten stehen die eleganten Blütengehölze auf kühl-feuchtem Humus. Wo dieser fehlt, sorgt eine Bodenverbesserung vor dem Pflanzen mit in Gärtnereien erhältlichen Erden wie standardisierten Rindenprodukten, Holzfaserpflanzenerden oder Torf-Rindenerden für die notwendigen Rahmenbedingungen. Dank gärtnerischer Neuentwicklungen müssen dazu aber nicht mehr Unmengen an Torf eingearbeitet werden. Fast alle Rhododendren müssen auf eine Unterlage veredelt werden, die die Edelsorten mit der notwendigen Vitalität ausstattet. Durch jahrzehntelange Züchtung und Selektion stehen für Rhododendron heute kalktolerante Unterlagen (»Inkarho«) zur Verfügung, die eine langfristige Kultur auf Böden möglich macht, die vorher wegen ihres hohen pH-Wertes als rhododendronfeindlich galten.
Natürlich lieben auch die Rhododendren der neuen Generation absonnige, humusreiche Standorte. Denn diese immergrünen Pflanzen haben immer Durst. Bei der Wahl eines halbschattigen Heckenstandortes ist die Gefahr des Verdurstens schon von vornherein stark reduziert.

Großblumige Rhododendron-Sorten sind besonders edle Zutaten für eine Blütenhecke. Auch Rhododendren können immer wieder radikal verjüngt und in der Höhe angepasst werden.

Bambushecken

Bambusse sind Gräser, die Gärtner wegen ihrer immergrünen Belaubung und verholzenden Triebe den Gartengehölzen zuordnen werden. Ein Vorteil dieser Supergräser ist ihr rasantes Wachstum. Keine andere Heckenpflanze wächst schneller! Mit attraktiven Bambussen lassen sich vielgestaltige Sichtschutzaufgaben lösen. Zudem wirkt eine Hecke aus Bambus immer einladend.
Eine weit verbreitete Legende besagt, dass Bambusse, weil sie aus Asien stammen, nicht frostfest seien. Das ist durch viele positive Erfahrungen der letzten Jahrzehnte widerlegt. Probleme

Bambushecken verbreiten dank ihrer lockeren Beschwingtheit Asienflair. Sie sind immergrün und blickdicht.

bereitet vielmehr die Rhizomwut einiger Ausläufer treibenden Arten. Rhizome sind unterirdische Triebe, Wurzelausläufer, die, wenn sie sich ungezügelt entfalten können, selbst vor Terrassenbelägen und Mauerwerk nicht Halt machen.
Von Bedeutung für alle Gartenfreunde, die ihren Garten mit Bambus gestalten möchten, ist deshalb das Wissen um die Einteilung der Bambusse in horst- bzw. Ausläufer bildende Arten und Sorten. Manche Ausläufer bildenden Bambusse – zu nennen sind hier vor allem die Arten und Sorten von *Phyllostachys* – entwickeln zum Teil aggressive Rhizome mit einem unglaublichen Ausbreitungsdrang. Wer seinen Bambus nicht später im ganzen Garten (oder in dem des Nachbarn) wiederfinden will, sollte beim Pflanzen an stabile Rhizomsperren aus starker Folie denken. Damit die Rhizome diese Sperren nicht unterwandern, sind sie rund um die Pflanze mindestens 70 cm tief einzugraben. Dann noch vereinzelt durch den Garten wandernde unterirdische Triebe können mit dem Spaten beseitigt werden. Horstbildende Arten wie *Fargesia* sind dagegen wesentlich wuchszahmer. Sie weisen besonders dekorative Halme auf. Die Heckenhorste dieses Bambus' können Sie durch das Herausschneiden einzelner Halme – wenn gewünscht – lichter halten und damit die Stärke des Sichtschutzes selbst festlegen.

Staudenhecken

Auch mit Stauden lassen sich attraktive Heckensäume gestalten. Eine Kombination von Lavendel und Katzenminze beispielsweise fängt die Stimmung des Mittelmeers ein. Beide Pflanzen eignen sich für etwa kniehohe Heckenwälle und lieben durchlässige Böden.

Lavendel und Katzenminze

Von Juli bis September sorgen die blauen Duftblüten des silberlaubigen Lavendels für ein Sinneserlebnis der besonderen Art. Lavendel gedeiht am besten in der vollen Sonne und braucht einen mageren, kalkhaltigen Boden. Humose Pflanzerde entspricht nicht den natürlichen Vorlieben diese Kräuterpflanze. Geben Sie deshalb eine gute Position Kalksand mit in die Pflanzgrube. Bitte mulchen Sie den Kalk liebenden Lavendel niemals mit Rindenmulch! Bes-

Die Stammrose 'Excelsa', der eine Lavendelhecke zu Füßen liegt. Beide Gewächse sind Sonnenanbeter.

ser eignen sich Kalksteine. Unter den richtigen Standortbedingungen muss das Provencekraut nicht einmal gegossen werden. Lavendel ist ein Halbstrauch, der mit Hilfe seiner basal verholzten Triebe überwintert. Schützen Sie Lavendelhecken deshalb während der Winterszeit mit einer Nadelreisigauflage. Ein kräftiger Rückschnitt im Frühjahr sorgt für zahlreiche Neutriebe, die im Sommer mit endständigen Blüten abschließen. Ohne einen regelmäßigen Schnitt neigt Lavendel rasch zum Vergreisen und wächst dann von Jahr zu Jahr kümmerlicher.

Eine Hecke aus Gras

Chinaschilf *(Miscanthus)* ist ein imposantes, zu den Stauden zählendes Gras mit schilfartigen Halmen, das in kürzester Zeit übermannshohe Hecken bildet. Mit schwachwüchsigen Sorten wie 'Kleine Fontäne', die besonders reich blühen, bieten sich aber Möglichkeiten, im Gartenrahmen zu bleiben und eine Heckenhöhe von 120 cm nicht zu überschreiten. Als Stauden ziehen die wüchsigen Gräser über Winter ein. Das goldbraune Laub und die Blütenstände sind aber eine hübsche Zierde während der kalten Jahreszeit. Dies gilt natürlich nur, wenn die Gräser (wie übrigens auch alle Beetstauden) im Herbst nicht zurückgeschnitten werden. Bringen Sie sich also nicht durch übergroße Ordnungsliebe um den optischen Genuss dieser Winterschönheiten.

Schnelle Blütenzäune mit ein- und mehrjährigen Kletterpflanzen

Einjährige Kletterpflanzen bewähren sich Jahr für Jahr neu als sommerliche Kletterkünstler, die für farbenfrohe Abwechslung im Garten und auf der Terrasse sorgen. Die sonnenhungrigen Himmelsstürmer begrünen in erstaunlich kurzer Zeit auch Zäune und Spaliere und können damit im weitesten Sinne als Heckenpflanzen betrachtet werden. Als einfachste Lösung genügen beispielsweise schon ein paar Naturfasern wie Kokosschnüre, um einen sommerlichen Blütenzaun zu zaubern, den Sie im Herbst problemlos, mitsamt den verwelkten Triebpartien, auf dem Kompost entsorgen können. Selbst schlichte Zäune erstrahlen so in neuem Glanz. Diese Heckenlösung ist zudem extrem platzsparend, denn sie kommt mit einem nur wenige Zentimeter breiten Pflanzstreifen aus.

Wenn Sie die Heckenzäune nahe der Hauswand installieren möchten, sollten Sie immer einen Abstand von 10 cm zur Wand einhalten. So behalten Sie auch wuchsvitale Kletterer im Griff, denn allzu gerne schlingen sich die Megawachser in Fugen und Putzrisse hinein bzw. an Verkleidungen entlang.

Zu den bewährten einjährigen Kletterpflanzen zählen Sternwinden. Diese prächtig blühenden Klettermaxe steigen an einem sonnigen, warmen Standort bis zu drei Meter hoch. Faszinierend ist ihre ungewöhnliche Blütenfarbe, die, je nach dem

Einjährige Kletterakrobaten wie die Kapuzinerkresse erobern rasch schlichte Spaliere und Flechtzäune.

Dieser Wilde Wein kaschiert eine graue Mauer und wirkt wie eine Hecke, die im Herbst rot entflammt.

Grad des Aufblühens, von Rot über Orange bis Gelb changiert. Weitere für schnelle Sommerhecken geeignete Einjährige sind die orangefarbene Kapuzinerkresse, violett blühende Trichterwinden oder die ockergelbe Schwarzäugige Susanne. Für jeden Standort gibt es eine passende Blütenfarbe.

Mehr als nur einen Sommer

Wie ihr Name ahnen lässt, leben einjährige Kletterpflanzen nur einen Sommer. Nach den ersten Frösten sterben sie ab. Im nächsten Frühjahr werden sie deshalb wieder neu gesät bzw. gepflanzt. Wer dauerhaft Zäune begrünen will, sollte deshalb auf langlebige Klettergehölze wie Blauregen, Wilder Wein, Geißblatt, Trompetenblume oder Knöterich zurückgreifen. Immergrüne Kletterpflanzen sorgen auch während der dunklen Jahreszeit für Sichtschutz. Eine Besonderheit bildet der Winterjasmin, der mitten im frostigen Winter blüht, wenn alles grüne Leben ringsum ruht.

Rosige Zeiten

Auffallend blühvitale Heckenpflanzen sind Kletterrosen. Als ausgesprochene Sonnenkinder wachsen sie immer dem Licht entgegen. Führen Sie die Triebe Ihrer Kletterrosen deshalb möglichst waagerecht, damit die Entwicklung blütenreicher Seitentriebe gefördert wird. So entsteht rasch ein dichter und blühstarker Heckenzaun. Sehr attraktiv sind Kombinationen von Kletterrosen mit Clematis. Eine besondere Form der Kletterrosen, die Ramblerrosen, eignen sich sogar zur Bildung geschnittener, formierter Hecken. Dies klingt ungewöhnlich und ist in der Tat bisher wenig verbreitet. Rambler sind jedoch eine Raum sparende, gut formbare und dabei farbenprächtige Heckenalternative für beengte Standorte, an denen für frei wachsende Strauchrosenhecken einfach der Platz fehlt. Pflanzen Sie Ramblersorten wie 'Bobbie James' direkt an einen stabilen Maschen drahtzaun, den die Megawachser rasch erobern.

Mobile Hecken im Kübel

Wer sitzt schon gerne auf dem Präsentierteller? Frostharte Heckenpflanzen im Kübel bieten vor allem Terrassenfreunden einen attraktiven Sichtschutz, der gleichzeitig Grün ins Spiel bringt. Mit mobilen Kübelhecken können bewegliche Paravente errichtet und je nach Bedarf in Position gebracht werden. Dichtbuschige, schnittverträgliche Heckenpflanzen wie Feld-Ahorn *(Acer campestre),* Strauch-Hülse *(Ilex meserveae*-Sorten) oder Smaragd-Lebensbaum *(Thuja occidentalis* 'Smaragd') eignen sich hervorragend als Sichtschutz und lassen sich problemlos zu Terrassen-Hecken zusammenstellen. Diese und viele andere Heckengehölze haben sich als frostharte Kübelgehölze erwiesen, die im Freien überwintern können, also im Winter nicht aufwändig eingeräumt werden. Voraussetzung dafür ist allerdings ein typischer Winterverlauf mit allmählich sinkenden Temperaturen, der den gut versorgten Heckenpflanzen, die in ausreichend große Kübel gepflanzt wurden, die Umstellung auf die kalte Jahreszeit ermöglicht. In raueren Klimagebieten empfiehlt es sich, die Kübel oder Kästen mit geeigneten

Mobile Heckenkübel können auf der Terrasse als Raumteiler und Sichtschutz positioniert werden.

Materialien wie Kokosmatten oder Noppenfolie einzupacken.

Pflanztipps

Viele Heckengehölze sind Tiefwurzler, die meistens zu mehreren in längliche Pflanzkästen gesetzt werden. Wählen Sie deshalb keine zu kleinen Behältnisse. Die Gefäße sollten mindestens 40 cm tief und ebenso hoch sein. Terrakotta-Kästen bewirken eine gute Durchlüftung der Kübelerde, nachteilig wirkt sich der hohe Wasserverlust durch die Gefäßwand und die damit verbundene Austrocknungsgefahr aus. Bewährt haben sich die meist länglichen Heckenkästen aus Terrakotta-Imitat, die zudem nur geringes Eigengewicht haben und sich dadurch leichter bewegen lassen. Ein (ge)wichtiges Argument bei einem mobilen Sichtschutz, den man unter Unterständen häufig neu positioniert! Allerdings sind Kunststoffkästen nur wenig isolierend. Die Erde erwärmt sich in ihnen schnell, was die Gehölzwurzeln, ohne Schaden zu nehmen, nur für kurze Zeit vertragen. Stellen Sie mobile Heckenkästen aus Kunststoff deshalb immer so auf, dass möglichst keine direkte Sonne auf die Außenwände trifft.

Die richtige Gießmenge

Kontinuierliche Bewässerung ist für alle Kübelgehölze überlebenswichtig. Ideal ist ein gleichmäßig feuchter Boden, wie er etwa im Wald üblich ist. Halten Sie Heckenkübel aber auch nicht zu nass, denn zuviel Wasser verdrängt die Luft aus den Bodenporen und führt zu Fäulnis. Heckengehölze in Kübeln bleiben dort in der Regel drei bis fünf Jahre. Sparen Sie deshalb nicht an der Pflanzerde. Am besten wählen Sie eine der zahlreichen im gärtnerischen Fachhandel angebotenen Erdmischungen für Kübelpflanzen. Legen Sie vor dem Einfüllen der Erde eine Drainageschicht aus Tonscherben auf den Gefäßboden. Der frisch bepflanzte Kübel wird ausgiebig gewässert. Wenn die Erde sich danach gesetzt hat, sollte ein etwa drei Zentimeter hoher Gießrand verbleiben.

auf einen blick

- Eine Heckenpflanzung ist eine Entscheidung für Jahre. Lassen Sie sich gut beraten.
- Vermeintlich billige, schnell wachsende Turbohecken verursachen später die meiste Schnittarbeit.
- Formhecken sind pflegeaufwändig, kommen aber mit schmalen Pflanzstreifen zurecht.
- Bunte Blütenhecken brauchen einen 150 bis 200 cm breiten Pflanzstreifen.
- Rosenhecken lieben einen sonnigen Standort.
- Rhododendronhecken verlangen eine kontinuierliche Bodenfeuchtigkeit.
- Bambus bietet alle Heckenvorteile im Asienlook.
- Kletterpflanzen verwandeln schlichte Maschendrahtzäune in schmale Hecken.
- Mobile Heckenkübel können immer wieder aufs Neue positioniert werden.

Die schönsten Heckenpflanzen im Porträt

Für Hecken geeignete Bäume und Sträucher gelten als sehr robust. Sollten Ihre Heckengehölze also doch einmal von Krankheiten und Schädlingen befallen werden, ist dies meist nur eine vorübergehende Erscheinung, die keinen Anlass zu ernster Sorge geben muss.

In diesem Kapitel stellen wir Ihnen die schönsten Gehölze für Hecken vor. Alle Pflanzen sind nach einem einheitlichen Schema beschrieben. Dazu vorab jedoch noch einige Hinweise:

Gruppe: Die Arten/Sorten sind nach gängigen Gruppen geordnet:

- Laubsträucher
- Laubbäume
- Immergrüne Laubsträucher
- Nadelsträucher
- Nadelbäume

Profil: Der den besonderen Heckenwert eines Gehölzes ausmachende Charakter. Die Beschreibung ist als Ergänzung zu den nüchternen Profildaten wie Wuchshöhe, Blütezeit und Fruchtform gedacht.

Standort: Alle Angaben zu Lichtverhältnissen sind nicht als absolutes Dogma zu verstehen, sondern auf den jeweiligen Idealanspruch des Gehölzes bezogen. Die Lichttoleranz aller Gartenpflanzen kann nämlich standortbedingt erheblich schwanken. Viele Gehölze sind beispielsweise an bodenfeuchten Standorten wesentlich sonnentoleranter als an trockenen Pflanzstellen.

◄ Es muss nicht immer nur Liguster sein: Neben dem Heckenklassiker schlechthin gibt es eine Fülle an attraktiven Heckenpflanzen für unterschiedliche Standorte und Platzverhältnisse.

Wuchsform/Wuchshöhe: Die Angaben bezeichnen nicht die Endhöhen/-formen uralter Gehölzmethusaleme, sondern die von ungeschnittenen Gehölzen nach fünf Wachstumsjahren bei Sträuchern und fünfzehn Jahren bei Bäumen ab dem Kauf in einer gängigen Größe.

Blüte/Blütezeit: Blütenfarben wurden der Übersichtlichkeit wegen auf Grundfarben reduziert. Blühzeiten können regional, aber auch jahrgangsweise erheblich schwanken. Die genannten Angaben sind durchschnittliche bundesweite Erfahrungswerte.

Duft: Duft wird nur erwähnt, wenn er deutlich wahrnehmbar ist.

Frucht/Zapfen: Werden beschrieben, wenn ein Schmuckwert vorliegt. Unscheinbare Früchte und Zapfen bleiben unerwähnt.

Blühende Strauch-Hortensienhecke: gut für niederschlagsreiche Gebiete.

Rinde/Trieb: Werden nur erwähnt, wenn sie Schmuckwert besitzen.

Laub/Nadeln: Enthält Angaben zu Form, Farbe (wenn von grün abweichend) und Größe.

Herbstfärbung: Wird mit Farbangabe erwähnt, wenn von besonderem Zierwert.

Hecke (Schnitthöhe): Die übliche bzw. erreichbare Schnitthöhe.

Weitere Verwendungsmöglichkeiten: Enthält – neben der Heckennutzung – Hinweise,

- für welche Gartenstile (Auswahl) das Gehölz üblicher-

weise verwendet werden kann (Stein-, Heide-, Japan-, Dach-, Bauerngarten)
- ob eine bestimmte Wuchsform besondere Einsätze ermöglicht (Bodendecker, Formgehölz)
- ob ein besonderer ökologischer Nutzen vorliegt (Wildfrucht, heimische Art, Vogelschutz- bzw. -nährgehölz, Bienenweide, Schnittgehölz)
- ob weitere besondere Eigenschaften den Gartenwert des Gehölzes für den Pflanzenfreund erhöhen (schnell wachsend, für Sandböden, für Grabstellen, für Schattenlagen geeignet, in Teichnähe passend, frosthartes Kübelgehölz).

Tipp: Weitere Hinweise zur Schnittverträglichkeit und deren Einfluss auf das Blühverhalten und die Blütenfülle, aber auch besondere artspezifische Praxistipps. Allgemein nimmt das Regenerationsvermögen von Gehölzen mit dem Lichtangebot ab. Viele Gehölze bestocken sich unter Schattendruck nur unzureichend.

Sortenauswahl: Besonders sortenreichen Gruppen schließt sich eine Sortenauswahl an, die keinen Anspruch auf Vollständigkeit erhebt, jedoch bewährte, im Fachhandel verfügbare Sorten berücksichtigt.

Robuster und zäher Feld-Ahorn: Verträgt Schnittmaßnahmen jeglicher Art und zu jeder Jahreszeit.

Laubgehölze für regelmäßig geschnittene Hecken (Formhecken)

Feld-Ahorn
Acer campestre

Gruppe: Laubbaum
Profil: Diese extrem frostharte Heckenpflanze ist an Robustheit und Standorttoleranz kaum zu übertreffen. Regelmäßig geschnittene Feld-Ahornhecken bilden eine attraktive, blickdichte Belaubung aus. Braucht etwas Platz, sollte nicht schmaler als 80 cm gezogen werden. Auch ungeschnitten als Strauch oder kleinkroniger Gartenbaum eines der ökologisch wichtigsten heimischen Gehölze.
Standort: sonnig bis halbschattig
Wuchsform ungeschnitten: rundliche Krone
Wuchshöhe ungeschnitten: 500 bis 700 cm
Blüte: gelbgrün, Rispe
Blütezeit: April bis Mai
Frucht: geflügelt
Rinde: Korkleisten
Laub: 3- bis 5-lappig, bis 10 cm
Herbstfärbung: gelb
Hecke (Schnitthöhe): 100 bis 300 cm
Weitere Verwendungsmöglichkeiten: Baum für größere Hausgärten, heimisches Gehölz, Vogelschutzgehölz, Vogelnährgehölz, Bienenweide, Formgehölz, für Sandböden, Dachgarten, frosthartes Kübelgehölz.
Tipp: Sehr gute Schnittverträglichkeit junger Pflanzen, im Alter etwas nachlassend. Eine nette Auflockerung ist die weißbunte Sorte 'Carneval'.

Grüne Polster-Berberitze
***Berberis buxifolia* 'Nana'**

Gruppe: Immergrüner Laubstrauch
Profil: Dorniger Ersatz für Buchs, bildet ungeschnitten eine natürliche Halbkugel. Der multifunktionale Zwergstrauch eignet sich ideal für kniehohe Hecken und Beeteinfassungen, zur flächigen Begrünung kleiner und mittelgroßer Gartenareale und zur Kübelbepflanzung.
Standort: sonnig bis schattig
Wuchsform ungeschnitten: buschig
Wuchshöhe ungeschnitten: 40 bis 60 cm
Blüte: orangegelb
Blütezeit: April bis Mai
Frucht: selten
Trieb: bedornt
Laub: oval, bis 2 cm, immergrün
Hecke (Schnitthöhe): 20 bis 40 cm
Weitere Verwendungsmöglichkeiten: Hausgarten, Bodendecker, Heidegarten, Steingarten, für Grabstellen, Dachgarten, Minigärten.
Tipp: Sehr schnittverträglich, kräftigsten Verjüngungsschnitt vertragend. Dann allerdings nicht stark und auffallend blühend. Übersteht längere Trockenheitsperioden ohne zusätzliches Wässern.

Grüne Hecken-Berberitze
Berberis thunbergii

Gruppe: Laubstrauch
Profil: Das extrem wuchsvitale und problemlose Gehölz ist hart im Nehmen und empfiehlt sich deshalb als Ersatz für Liguster oder Buchs an besonders rauen Standorten. Legendäre Schnittfestigkeit zeichnet den erprobten Heckenstrauch aus.
Standort: sonnig bis halbschattig
Wuchsform ungeschnitten: buschig
Wuchshöhe ungeschnitten: 150 bis 200 cm
Blüte: primelgelb, Büschel
Blütezeit: Mai
Frucht: rot
Trieb: bedornt
Laub: eiförmig, bis 3 cm
Herbstfärbung: orangerot
Hecke (Schnitthöhe): 50 bis 120 cm
Weitere Verwendungsmöglichkeiten: Hausgarten, Wildobst, Vogelschutzgehölz, Vogelnährgehölz, Bienenweide, für Sandböden, Dachgarten, frosthartes Kübelgehölz.
Tipp: Sehr gut schnittverträglich, starke Langtriebe bereits im Sommer einkürzen.

Rote Hecken-Berberitze
***Berberis thunbergii* 'Atropurpurea'**

Gruppe: Laubstrauch
Profil: Kein rotlaubiger Strauch

Lady in Red: Die Rote Hecken-Berberitze ist das robusteste rotlaubige Heckengehölz.

unserer Breiten kommt an die Robustheit dieses buntes Gegenstücks zur grünlaubigen Hecken-Berberitze heran. Dank ihrer außergewöhnlichen Schnitt- und Windfestigkeit zählt die Rote Hecken-Berberitze zu den beliebtesten Heckengehölzen. Sehr preiswerte Heckenlösung für alle Garteneinsteiger.
Standort: sonnig bis halbschattig
Wuchsform ungeschnitten: buschig
Wuchshöhe ungeschnitten: 150 bis 200 cm
Blüte: primelgelb, Büschel
Blütezeit: Mai
Frucht: rot
Trieb: bedornt
Laub: rot, eiförmig, bis 3 cm
Herbstfärbung: karminrot
Hecke (Schnitthöhe): 50 bis 120 cm

Kleine Blut-Berberitze.

Weitere Verwendungsmöglichkeiten: Hausgarten, Wildobst, Vogelschutzgehölz, Vogelnährgehölz, Bienenweide, für Sandböden, Dachgarten, frosthartes Kübelgehölz.
Tipp: Sehr gut schnittverträglich. Interessant ist auch die schwächer wachsende Sorte 'Rose Glow' mit rötlichen Blättern, die rosaweiß marmoriert sind.

Kleine Blut-Berberitze
Berberis thunbergii 'Atropurpurea Nana'

Gruppe: Laubstrauch
Profil: Die Miniaturausgabe der mannshohen Hecken-Berberitzen ist eine echte Alternative für alle Lazy-Gärtner. Die wehrhafte und hundesichere Farbhecke muss kaum geschnitten werden. Sie dient als Einfassung und dekorative Flächenbegrünung.
Standort: sonnig bis halbschattig
Wuchsform ungeschnitten: buschig
Wuchshöhe ungeschnitten: 40 bis 60 cm
Blüte: primelgelb, Büschel
Blütezeit: Mai
Trieb: bedornt
Laub: rot, eiförmig, bis 2 cm
Herbstfärbung: scharlachrot
Hecke (Schnitthöhe): 20 bis 40 cm.
Weitere Verwendungsmöglichkeiten: Hausgarten, Bodendecker, Heidegarten, Steingarten, Bienenweide, für Sandböden, für Grabstellen, frosthartes Kübelgehölz, Minigärten.
Tipp: Gut schnittverträglich.

Einfassungs-Buchs
Buxus sempervirens 'Suffruticosa'

Gruppe: Immergrüner Laubstrauch
Profil: Volkstümlicher grüner Rahmen für Beet- und Grabstellenarrangements. Schmückt unzählige Schloss- und ornamentale Gartenanlagen, Kloster- und Bauerngärten, Hausgärten und Friedhöfe. Kaum eine klassische Gestaltungsaufgabe kommt ohne die immergrüne Linienführung dieses attraktiven Laubzwerges aus.
Standort: sonnig bis schattig
Wuchsform ungeschnitten: buschig
Wuchshöhe ungeschnitten: variabel
Laub: eiförmig, bis 2 cm, giftig, immergrün
Hecke (Schnitthöhe): 15 bis 40 cm
Weitere Verwendungsmöglichkeiten: für Grabstellen, toleriert Vollschatten, Bauerngarten.

Als Minibordüre für ornamentale Gartengestaltungen unerreicht: der Einfassungs-Buchs.

Tipp: Enorm schnittverträglich, kräftigen Verjüngungsschnitt vertragend, extrem schattentolerant. Mäßigen Schnitt im April und Ende Juni bei trübem Wetter durchführen. Die neue Sorte 'Blauer Heinz' ist schwachwüchsiger, frosthärter und blaugrün belaubt.

Hoher Buchsbaum
***Buxus sempervirens* 'Arborescens'**

Gruppe: Immergrüner Laubstrauch
Profil: Schnittverträglicher Werkstoff für den kreativen Garten-»Bildhauer«. Aus diesem Strauch lassen sich nicht nur Hecken, sondern auch Figuren, Skulpturen und Stämmchen formen.
Standort: sonnig bis schattig
Wuchsform ungeschnitten: buschig
Wuchshöhe ungeschnitten: 100 bis 150 cm
Blüte: unscheinbar
Laub: eiförmig, bis 2 cm, giftig, immergrün
Hecke (Schnitthöhe): 80 bis 120 cm
Weitere Verwendungsmöglichkeiten: Hausgarten, heimisches Gehölz, Heidegarten, Bienenweide, Formgehölz, toleriert Vollschatten, Bauerngarten, auch sehr schön als Kübelgehölz.
Tipp: Häufige, kurze Schnitte sorgen für ein dicht geschlossenes Heckenbild. Jedoch nicht nach dem 1. August schneiden, da die Neutriebe sonst Gefahr laufen, ohne ausreichende Holzreife im folgenden Winter Frostschäden zu erleiden. Kräftigen Verjüngungsschnitt vertragend. Noch kräftiger als 'Arborescens' wächst die Sorte 'Handworthiensis', die oft für mannshohe Buchshecken eingesetzt wird.

Hainbuche
Carpinus betulus

Gruppe: Laubbaum
Profil: Eigentlich ein Waldbaum, der wie der Feld-Ahorn dank seiner guten Schnittverträglichkeit bis ins hohe Alter als Formhecke gezogen werden kann. Ein größerer Garten erlaubt auch den Einsatz einer Hainbuche als ehrwürdiges Solitärgehölz mit frischgrüner Belaubung. Bestes Gehölz für Windschutzhecken

Buchsbaum, als Grünsofa formiert.

auf eher leichten Böden, da das Laub meist bis zum Frühjahr haften bleibt und dadurch auch im Winter allzu heftige Windböen bricht. Alternative für schwere Böden: Rot-Buche.
Standort: sonnig bis halbschattig
Wuchsform ungeschnitten: rundliche Krone
Wuchshöhe ungeschnitten: 500 bis 700 cm
Blüte: gelb, Kätzchen
Blütezeit: April
Frucht: Flügelnuss
Laub: elliptisch, bis 10 cm
Herbstfärbung: gelb
Hecke (Schnitthöhe): 100 bis 300 cm
Weitere Verwendungsmöglichkeiten: Größere Hausgärten, Windschutz, heimisches Gehölz, Vogelschutzgehölz, Vogelnährgehölz, Formgehölz, Bauerngarten.
Tipp: Extrem schnittverträglich, sogar während der Sommermonate. Unübertroffen ist das »Mai-Grün« des frischen Laubaustriebs.

Mit Hainbuchen lassen sich auch grüne Torbögen gestalten.

Weißdorn
Crataegus monogyna

Gruppe: Laubstrauch
Profil: Regelmäßig geschnittene Weißdornhecken sind erstaunlich blühstark und damit auch in der formierten Variante eine nektarreiche Bienentränke. Die bedornten Triebe bilden einen wehrhaften Schutz für zahlreiche Brüter und Kleinsäuger. Aus Weißdornsolitären lassen sich auch spektakuläre Kugelbäume schneiden, die Unikatcharakter besitzen und bestens in Vorgärten passen.
Standort: sonnig bis halbschattig
Wuchsform ungeschnitten: buschig
Wuchshöhe ungeschnitten: 200 bis 300 cm
Blüte: weiß, Schirmrispe
Blütezeit: Mai bis Juni
Duft: streng
Frucht: dunkelrot
Trieb: bedornt
Laub: gelappt, bis 4 cm
Hecke (Schnitthöhe): 80 bis 200 cm
Weitere Verwendungsmöglichkeiten: Hausgarten, heimisches Gehölz, Wildobst, Vogelschutzgehölz, Vogelnährgehölz, Bienenweide, Bauerngarten.
Tipp: Sehr schnittverträglich.

Rot-Buche
Fagus sylvatica

Gruppe: Laubbaum
Profil: Die Rot-Buche ist ein vital wachsender Waldriese, der mit Hilfe eines Schnitts Hecken ab Mannshöhe bilden kann. Dank ihrer Robustheit eine Windschutzpflanze par excellence, insbesondere für schwere Böden. Für leichtere Böden empfiehlt sich die wuchsähnliche Hainbuche. Dekorativ ist das über den gesamten Winter an der Pflanze haftende braune Laub, das elegant eisige Winde bricht und deshalb schon seit Jahrhunderten im Hohen Venn (Eifel) für haushohe Grünwälle genutzt wird.

Standort: sonnig bis schattig
Wuchsform ungeschnitten: breitgewölbte Krone
Wuchshöhe ungeschnitten: über 7 m
Frucht: Bucheckern, in Mengen genossen schwach giftig
Laub: oval, bis 10 cm
Herbstfärbung: orangegelb
Hecke (Schnitthöhe): 150 bis 500 cm
Weitere Verwendungsmöglichkeiten: Größere Hausgärten, heimisches Gehölz, Vogelnährgehölz, Bienenweide, Formgehölz, toleriert Vollschatten.
Tipp: Schnittverträglichkeit im Alter nachlassend, größere Wunden verstreichen. Auffallend ist der späte Laubaustrieb im Mai.
Sortenauswahl: Die sämlingsvermehrte Blut-Buche *(Fagus sylvatica* 'Purpurea') ist das rotlaubige, etwas schwächer wachsende Pendant zur Rot-Buche. Sie treibt attraktiv dunkelrot aus, im Laufe des Sommers wird das Laub grün. Bei veredelten Blut-Buchen *(Fagus sylvatica* 'Atropunicea'), die wegen der aufwändigen Vermehrungsmethode einen vielfach höheren Preis als Sämlinge haben, bleibt das Laub auch während des Sommers rot gefärbt. Mit Blut-Buchen lassen sich extrem dichte Grenzhecken formieren.

Das Winterlaub der Rot-Buchen glänzt dekorativ goldbraun und bricht eisige Winterwinde.

Strauch-Efeu
Hedera helix 'Arborescens'

Gruppe: Immergrüner Laubstrauch
Profil: Strauchartig wachsende, nicht kletternde Variante des bekannten Wandbegrüners. Bestens geeignet für regelmäßig geschnittene, breite Heckenwälle. Die Fruchtstände sind im Winter ein wunderbarer Kranzschmuck und verfärben sich im Frühjahr auffallend schwarzblau. Wichtige, nektarreiche Bienenweide in der blütenarmen Zeit des Spätsommers.
Standort: halbschattig bis schattig
Wuchsform ungeschnitten: buschig
Wuchshöhe ungeschnitten: 60 bis 100 cm
Blüte: grüngelb, Dolde
Blütezeit: September bis Oktober
Duft: streng
Frucht: schwarzblau, giftig
Laub: herzförmig, bis 10 cm, immergrün
Hecke (Schnitthöhe): 50 bis 80 cm
Weitere Verwendungsmöglichkeiten: Hausgarten, Heidegarten, Bienenweide, Fruchttriebe für Schnitt, toleriert Vollschatten, Dachgarten, Bauerngarten, in Teichnähe.
Tipp: Schnittverträglichkeit im Alter nachlassend. Wächst auch im trockenen Schatten unter Baumkronen.

Gelbbunte Garten-Hülse
***Ilex altaclarensis* 'Golden King'**

Gruppe: Immergrüner Laubstrauch
Profil: Ideale und problemlose Heckenpflanze für Freunde bunter Laubhecken. Das immergrüne Laub ist dekorativ gelbgerandet und bildet rund ums Jahr einen lebhaften Rahmen um Garten und Haus. Im Herbst sorgt der rote Beerenschmuck für eine zusätzliche Zierde.
Standort: sonnig bis schattig
Wuchsform ungeschnitten: buschig
Wuchshöhe ungeschnitten: 200 bis 300 cm
Blüte: weiß
Blütezeit: Mai bis Juni
Frucht: rot, giftig
Laub: gelbbunt, eiförmig, dornig, bis 6 cm, immergrün
Hecke (Schnitthöhe): 100 bis 200 cm
Weitere Verwendungsmöglichkeiten: Hausgarten, Bienenweide, toleriert Vollschatten.
Tipp: Windgeschützte Lage. Die Sorte 'Silver Queen' ist eine weißbunte Variante der Garten-Hülse mit purpurfarbenen Trieben.

Die weißbunte Garten-Hülse besitzt als immergrüne Heckenpflanze eine elegante, vornehme Ausstrahlung.

Fruchtende Garten-Hülse, Stechpalme
***Ilex aquifolium* 'J.C. van Tol'**

Gruppe: Immergrüner Laubstrauch
Profil: Immergrüner Edelstrauch für besonders ansprechende Heckenwände. Der Wert dieses Fruchtgehölzes liegt in den – verglichen mit der Ursprungsart – praktisch dornenlosen Blättern, der guten Frosthärte und bester Schnittverträglichkeit.
Standort: sonnig bis schattig
Wuchsform ungeschnitten: breit ausladend
Wuchshöhe ungeschnitten: 150 bis 300 cm
Blüte: weiß
Blütezeit: Mai bis Juni
Frucht: hellrot, giftig
Laub: eiförmig, kaum dornig, bis 8 cm, immergrün
Hecke (Schnitthöhe): 100 bis 200 cm
Weitere Verwendungsmöglichkeiten: Hausgarten, Heidegarten, Vogelschutzgehölz, Vogelnährgehölz, Bienenweide, Fruchttriebe für Schnitt, Formgehölz, toleriert Vollschatten.
Tipp: Gut schnittverträglich, jedoch wegen möglicher Winterschäden erst im Frühjahr schneiden. Wächst auch im trockenen Schatten unter Baumkronen.

Strauch-Hülse
Ilex meserveae 'Blue Prince'

Gruppe: Immergrüner Laubstrauch
Profil: Extrem frostharter Ilex. Das grünbläulich schimmernde, lorbeerartig glänzende Laub wirkt wie lackiert und verleiht Sichtschutzhecken eine noble Ausstrahlung. Absolut blickdichter Heckenstrauch, der bei entsprechender Höhe rund ums Jahr neugierige Blicke fernhält.
Standort: sonnig bis schattig
Wuchsform ungeschnitten: aufrecht
Wuchshöhe ungeschnitten: 200 bis 300 cm
Blüte: weiß
Blütezeit: Mai, nur männliche Blüten
Laub: oval, bis 5 cm, immergrün
Hecke (Schnitthöhe): 100 bis 200 cm
Weitere Verwendungsmöglichkeiten: Hausgarten, Heidegarten, Vogelschutzgehölz, Bienenweide, Blatttriebe für Schnitt, Formgehölz, für Grabstellen, toleriert Vollschatten, Dachgarten.
Tipp: Gut schnittverträglich. Während längerer Trockenperioden im Winter bei frostfreier Witterung unbedingt wässern. Kann wegen guter Frosthärte auch im Herbst geschnitten werden.

Fruchtende Strauch-Hülse
Ilex meserveae 'Blue Princess'

Gruppe: Immergrüner Laubstrauch
Profil: Der Wert dieses Gehölzes liegt in den leuchtend roten Früchten und den blau schimmernden Blättern, die rund ums Jahr für eine geschlossene Heckenformation sorgen. Wächst langsamer als 'Blue Prince' und ist deshalb für etwas niedrigere Hecken prädestiniert. Einmal in Form gebrachte Meserveae-Hecken machen nur noch wenig Arbeit und gelten als extrem pflegeleicht.
Standort: sonnig bis schattig
Wuchsform ungeschnitten: aufrecht
Wuchshöhe ungeschnitten: 100 bis 150 cm
Blüte: weiß
Blütezeit: Mai
Frucht: rot, giftig
Laub: oval, dornig, bis 5 cm, immergrün
Hecke (Schnitthöhe): 80 bis 120 cm
Weitere Verwendungsmöglichkeiten: Hausgarten, Heidegarten, Vogelschutzgehölz, Vogelnährgehölz, Bienenweide, Fruchttriebe für Schnitt, Formgehölz, für Grabstellen, toleriert Vollschatten, Dachgarten.
Tipp: Gut schnittverträglich, Pollenspender-Sorte 'Blue Prince' erhöht den Fruchtbehang deutlich. Während längerer Trockenperioden im Winter bei frostfreier Witterung unbedingt wässern.

Fruchtende Garten-Hülse.

Schwarzgrüner Liguster
Ligustrum vulgare 'Atrovirens'

Gruppe: Laubstrauch
Profil: Heckenklassiker für alle Bodenverhältnisse und alle Lagen, dazu die preiswerteste immergrüne Heckenpflanze. Nicht klein zu kriegendes Stehaufmännchen, das jede Schnittmaßnahme wegsteckt und

Der Gold-Liguster ist die beste gelblaubige Heckenpflanze für hohe Gartengrenzen.

immer wieder neu austreibt. Am schönsten sind jedoch regelmäßig, mehrmals jährlich immer nur schwach geschnittene Ligusterhecken, die ein ständig frischer Austrieb schmückt und für eine sommerlange Belebung des Grundstücks sorgt. In milden Regionen sogar wintergrün.
Standort: sonnig bis schattig
Wuchsform ungeschnitten: buschig aufrecht
Wuchshöhe ungeschnitten: 150 bis 250 cm
Blüte: cremeweiß, Rispe
Blütezeit: Juni bis Juli
Duft: angenehm
Frucht: schwarz, schwach giftig, kaum Fruchtansatz bei regelmäßigem Schnitt
Laub: wintergrün, lanzettlich, bis 6 cm
Hecke (Schnitthöhe): 100 bis 200 cm
Weitere Verwendungsmöglichkeiten: Hausgarten, Vogelschutzgehölz, Bienenweide, schnell wachsendes Gehölz, Formgehölz, für Sandböden, frosthartes Kübelgehölz.
Tipp: Ungewöhnlich gute Schnittverträglichkeit.

Gold-Liguster
Ligustrum ovalifolium 'Aureum'

Gruppe: Immergrüner Laubstrauch
Profil: Goldener, nicht zu übersehender Rahmen für Haus und Grundstück. Keine andere Heckenpflanze hat eine stärkere Fernwirkung. Bei näherem Hinsehen fällt auf, dass jedes Blatt ein Unikat ist. Von ganz gelben bis nur gelbgerandeten Varianten sind an einem Strauch alle Abstufungen vertreten. Auch als Gartensolitär eine Empfehlung für alle Freunde »gelber« Gartenbereiche.
Standort: sonnig
Wuchsform ungeschnitten: buschig
Wuchshöhe ungeschnitten: 100 bis 200 cm
Blüte: weiß, Rispe
Blütezeit: Juni bis Juli
Duft: angenehm, intensiv
Frucht: schwarzblau, schwach giftig
Laub: gelbbunt, oval, bis 7 cm, immergrün
Hecke (Schnitthöhe): 80 bis 150 cm
Weitere Verwendungsmöglichkeiten: Hausgarten, Vogelschutzgehölz, schnell wachsendes Gehölz.
Tipp: Verträgt kräftigen Rückschnitt. Leuchtende Laubfarbe nur bei sonnigem Standort.

Mahonie
Mahonia aquifolium

Gruppe: Immergrüner Laubstrauch
Profil: Besonders dankbarer Heckenbilder, der entweder streng formiert oder locker frei wachsend geführt werden kann. Ungewöhnlich ist die ausgeprägte Standorttoleranz dieses gelb blühenden Strauches. Sogar im vollen Schatten und unter Laubkronen behauptet sich das robuste Gehölz.

Standort: sonnig bis schattig
Wuchsform ungeschnitten: buschig
Wuchshöhe ungeschnitten: 60 bis 80 cm
Blüte: gelb, Traube
Blütezeit: April bis Mai
Frucht: schwarz, blau bereift
Laub: gefiedert, über 8 cm, immergrün
Winterlaub: teils bronzefarben
Hecke (Schnitthöhe): 40 bis 50 cm
Weitere Verwendungsmöglichkeiten: Hausgarten, Wildobst, Heidegarten, Steingarten, Vogelnährgehölz, Bienenweide, für Grabstellen, toleriert Vollschatten, Dachgarten.
Tipp: Verträgt kräftigen Rückschnitt.

Lorbeerkirsche
Prunus laurocerasus-Sorten

Gruppe: Immergrüner Laubstrauch
Profil: Für alle gängigen Heckenhöhen und -breiten gibt es passende Varianten dieses ausreichend frostharten Lorbeer-Ersatzes. Wer sich Mittelmeer-Flair für seine Grundstücksumfriedung wünscht, liegt mit diesen immergrünen Edelsträuchern richtig. Eine problemlose, robuste Einsteigersorte ist 'Herbergii', die den trockenen, harten Frost der Winterperiode 2002/2003 am besten überstanden und mittlerweile die größte Verbreitung unter allen Lorbeerkirschen gefunden hat.
Standort: sonnig bis schattig
Wuchsform ungeschnitten: buschig, breit
Wuchshöhe ungeschnitten: 60 bis 200 cm
Blüte: weiß, Traube
Blütezeit: Mai bis Juni, Nachblüte
Duft: angenehm
Frucht: schwarz, Samen giftig
Laub: länglich, glänzend, bis 10 cm, immergrün
Hecke (Schnitthöhe): 100 bis 200 cm
Weitere Verwendungsmöglichkeiten: Hausgarten, Bienenweide, Blatttriebe für Schnitt, Formgehölz, für Grabstellen, toleriert Vollschatten.
Tipp: Rückschnitt vertragend, mit zunehmendem Alter sind Eingriffe bis ins alte Holz jedoch weniger Erfolg versprechend. Während längerer Trockenperioden im Winter bei frostfreier Witterung unbedingt wässern.
Sortenauswahl: 'Herbergii' (150 cm, zur Zeit frosthärteste und beste Heckensorte), 'Otto Luyken' (60 cm, kniehoher Flächenbegrüner für breite Heckenwälle), 'Van Nes' (150 cm, für heckenähnliche grüne Wände).

Nimmermüde immergrüne Lorbeerkirschen bilden Edelhecken der Spitzenklasse.

Fruchtende Feuerdorne decken im Winter den Beerentisch für die heimische Vogelwelt.

Feuerdorn
Pyracantha-Sorten

Gruppe: Immergrüner Laubstrauch
Profil: Dieser immergrüne Heckenstrauch bildet bei regelmäßigem Schnitt dichte Wälle mit herrlichem Fruchtbehang. Durch das Angebot von Schutz und Nahrung für Kleinsäuger und Vögel ökologisch besonders wertvoll. Hohe und breite Feuerdornhecken sind undurchdringliche Sperrzonen, die ungebetenen Besuch abschrecken.
Standort: sonnig bis halbschattig
Wuchsform ungeschnitten: buschig
Wuchshöhe ungeschnitten: 150 bis 200 cm
Blüte: weiß
Blütezeit: Mai bis Juni
Duft: angenehm
Frucht: je nach Sorte rot, orange, gelb
Trieb: Kurzdornen
Laub: oval, bis 4 cm, immergrün
Hecke (Schnitthöhe): 100 bis 200 cm
Weitere Verwendungsmöglichkeiten: Hausgarten, Vogelschutzgehölz, Vogelnährgehölz, Bienenweide, Fruchttriebe für Schnitt, Dachgarten.
Tipp: Kräftigen Rückschnitt sehr gut vertragend, selbst radikale Verjüngung.
Sortenauswahl (Fruchtfarbe): 'Orange Charmer' (orange), 'Orange Glow' (orangerot), 'Red Column' (rot, straff aufrechter Wuchs), 'Soleil d'Or' (gelb, breitbuschiger Wuchs).

Alpenbeere
Ribes alpinum 'Schmidt'

Gruppe: Laubstrauch
Profil: Anspruchsloser, höchst anpassungsfähiger Wildstrauch, der selbst unter den steppenartigen Bodenverhältnissen schattiger Baumpartien nicht versagt. Eine naturnahe Heckenalternative, die nebenbei noch durch ihr dichtes Wurzelwerk Abhänge und Böschungen befestigt.
Standort: sonnig bis schattig
Wuchsform ungeschnitten: breitbuschig
Wuchshöhe ungeschnitten: 100 bis 150 cm
Blüte: gelblich grün
Blütezeit: Mai bis Juni
Frucht: keine, da männlich
Herbstfärbung: gelb
Laub: drei- bis fünflappig, bis 5 cm
Hecke (Schnitthöhe): 60 bis 100 cm
Weitere Verwendungsmöglichkeiten: Hausgarten, Vogelschutzgehölz, Dachgarten.
Tipp: Ein kräftiger Rückschnitt ist zu jeder Zeit und in jeder Form möglich, selbst radikale Verjüngung durch Mähbalken.

Nadelgehölze für regelmäßig geschnittene Hecken (Formhecken)

Blaue Säulenzypresse
***Chamaecyparis lawsoniana* 'Columnaris'**

Gruppe: Nadelbaum
Profil: In Einzelstellung wirkt diese klassische Heckenzypresse wie ein großer, blauer Fanal. Der Wert der Lawsoniana-Sorten liegt in ihrem raschen Wachstum. Die Blaue Säulenzypresse bildet nicht nur eine attraktive Umfriedung des Grundstückes, sondern eignet sich auch als fantastischer Hintergrund für farbige Blumenbeete.
Standort: sonnig bis halbschattig
Wuchsform ungeschnitten: dicht säulenförmig
Wuchshöhe ungeschnitten: 300 bis 500 cm
Nadeln: bläulich, schuppenförmig
Hecke (Schnitthöhe): 125 bis 300 cm
Weitere Verwendungsmöglichkeiten: Hausgarten, Heidegarten, Vogelschutzgehölz, Triebe für Binderei, Friedhof.
Tipp: Schnittverträglich, bildet jedoch auch ohne Schnitt eine straffe Säule. Beste Schnittzeiten sind der Frühsommer und Herbst. Eine weitere empfehlenswerte Sorte ist 'Alumii' mit kegelförmigem Wuchs und graublauer Benadelung. Das dauerhaft strahlendste Blau besitzt die wieder entdeckte Sorte 'Van Pelt's Blue', die in gut sortierten Baumschulen und GartenCentern angeboten wird.

Gelbe Gartenzypresse
***Chamaecyparis lawsoniana* 'Stewartii'**

Gruppe: Nadelbaum
Profil: Dieses gelbe Pendant zur Blauen Säulenzypresse stellt mit ihrer leuchtenden Benadelung und den überhängenden Triebspitzen zu jeder Jahreszeit einen dekorativen Blickfang dar. Durch die gelbe Nadelfarbe ist beste Fernwirkung garantiert. Der Platzbedarf in der Breite beträgt etwa 60 cm.
Standort: sonnig bis halbschattig
Wuchsform ungeschnitten: kegelförmig, Triebspitzen hängend
Wuchshöhe ungeschnitten: 500 bis 700 cm
Nadeln: goldgelb, innen grün, schuppenförmig
Hecke (Schnitthöhe): 125 bis 300 cm
Weitere Verwendungsmöglichkeiten: Heidegarten, Vogelschutz.

Pflegeleichter Klassiker ohne Verfallsdatum: die Blaue Säulenzypresse.

Rot-Fichte als Rundhecke.

Tipp: Schnittverträglich, bildet jedoch auch ohne Schnitt eine straffe Säule. Sehr starkwüchsig und entsprechend mit Dünger und Wasser zu versorgen. Weitere empfehlenswerte Sorten sind 'Sunkist' (Zwergform mit lockerem Wuchs), 'Lane' (gelbgrüne Nadeln) und 'Golden Wonder' (fächerförmige Zweige).

Gelbe Baumzypresse
× *Cupressocyparis leylandii* 'Castlewellan Gold'

Gruppe: Nadelbaum
Profil: Megavitaler Schnellwachser, der nur durch regelmäßigen Schnitt im Zaum gehalten werden kann. Dank des explosionsartigen Wachstums und des günstigen Einkaufspreises eine Alternative für alle Hausbesitzer, die rasch eine hohe Sichtschutzhecke aufbauen wollen. Diese Nadelgehölzart ist relativ gut schattenverträglich. Weitere Pluspunkte: Kahlstellen werden sofort geschlossen, kein Braunwerden von innen.
Standort: sonnig bis halbschattig
Wuchsform ungeschnitten: kegelförmig
Wuchshöhe ungeschnitten: 500 bis 700 cm
Nadeln: gelb, später vergrünend, schuppenförmig
Hecke (Schnitthöhe): 200 bis 400 cm
Weitere Verwendungsmöglichkeiten: Größere Hausgärten, schnell wachsendes Gehölz.
Tipp: Stark wachsende, ungeschnittene Pflanzen in den ersten Jahren durch stabilisierenden Pfahl sichern.

Rot-Fichte
Picea abies

Gruppe: Nadelbaum
Profil: Beherrschender Waldbaum unserer Wälder und vor allem in kalten Höhenlagen als Schnitthecke geeignet. Wohl das frosthärteste Heckengehölz unserer Breiten, das selbst im alpinen Raum nicht versagt. Wichtig ist die Erziehung schon der jungen Pflanzen zum Heckengehölz. Ältere Bäume können aufgrund ihrer geringen Regenerationskraft nicht mehr nachträglich in Form gebracht werden.
Standort: sonnig bis halbschattig
Wuchsform ungeschnitten: kegelförmig
Wuchshöhe ungeschnitten: 500 bis 700 cm
Nadeln: dunkelgrün, stechend
Hecke (Schnitthöhe): 150 bis 300 cm
Weitere Verwendungsmöglichkeiten: Größere Hausgärten, schnell wachsendes Gehölz.
Tipp: Im Flachland eher kurzlebige Heckenpflanze, die bei unsachgemäßem Schnitt zum Verkahlen neigt. Nur Jungtriebe vertragen einen regelmäßigen Schnitt, harte Eingriffe ins alte Holz führen zu Kahlstellen, die sich nicht mehr korrigieren lassen.

Krummholz-Kiefer
Pinus mugo subsp. *mughus*

Gruppe: Nadelstrauch
Profil: Robustes, unglaublich zähes Heckengehölz für breite

Nadelwälle. Paradebeispiel für den hohen ökologischen Wert vieler Nadelgehölze. Die Krummholz-Kiefer befestigt Hänge, lockt Bienen, verträgt es auch einmal, dass über ihre Triebe hinweggefahren wird, und hält selbst Dauerfröste der Hochgebirgsregionen aus.
Standort: sonnig
Wuchsform ungeschnitten: meist breitbuschig
Wuchshöhe ungeschnitten: 60 bis 100 cm
Zapfen: braun, zahlreich, bis 5 cm
Nadeln: bis 5 cm
Hecke (Schnitthöhe): 60 bis 100 cm, auch locker frei wachsend
Weitere Verwendungsmöglichkeiten: Hausgarten, Heidegarten, Vogelschutzgehölz, Vogelnährgehölz, Formgehölz, für Sandböden, für Grabstellen, Dachgarten, frosthartes Kübelgehölz.
Tipp: Durch das Halbieren der Neutriebe Mitte Juni kann der Nadelstrauch auf einer bestimmten Höhe gehalten werden. Niemals bis in alte Triebbereiche zurückschneiden, denn die Regenerationsfähigkeit der Krummholz-Kiefer ist begrenzt. Lichthungrig, deshalb sonnige Standorte wählen. Auch heiße, extrem trockene Südlagen werden willig begrünt.

Gemeine Eibe
Taxus baccata

Gruppe: Nadelbaum
Profil: Dank legendärer Schnittverträglichkeit und ausgeprägter Lichttoleranz ein multifunktionales Nadelgehölz. Eibenhecken lassen sich selbst im Vollschatten großer Bäume aufbauen. Sie sind etwas teurer in der Anschaffung, dafür aber problemlos und edel mit unbegrenzter Lebensdauer. Obwohl kein anderes Nadelgehölz an die Regenerationsfähigkeit der Eiben herankommt und selbst Rückschnitte bis in alte Astbereiche vertragen werden, sollten Sie junge Pflanzen anfangs drei- bis viermal jährlich schneiden. Später genügen ein bis zwei Schnitte.
Wuchsform ungeschnitten: buschig
Wuchshöhe ungeschnitten: 500 bis 700 cm
Frucht: rot, Samen zerkaut giftig
Nadeln: schwarzgrün, bis 3 cm, giftig
Hecke (Schnitthöhe): 100 bis 200 cm
Weitere Verwendungsmöglichkeiten: Hausgarten, heimisches Gehölz, Heidegarten, Vogel-

Eibenhecken lassen sich mit etwas Geduld zu formschönen Skulpturen erziehen.

Nur keine He(c)ktik: Brabant-Lebensbaumhecken lassen sich mit einer gespannten Schnur kerzengerade ausrichten und extrem präzise schneiden.

schutzgehölz, Vogelnährgehölz, Bienenweide, Formgehölz, für Grabstellen, toleriert Vollschatten, Bauerngarten, auch für Kübel.
Tipp: Es gibt viele Sorten, beispielsweise 'Semperaurea' mit schwächerem Wuchs und goldgelbem Nadelaustrieb.

Fruchtende Becher-Eibe
***Taxus media* 'Hicksii'**

Gruppe: Nadelbaum
Profil: Eine hübsche Säulenform und ein überreicher Fruchtbehang zeichnen diese Eiben-Sorte aus. Bildet vollkommen natürlich schmale Heckenwände, die auch ohne Schnitt auskommen. Heckentipp für die intelligenten Faulen unter den Hobbygärtnern.
Standort: sonnig bis schattig
Wuchsform ungeschnitten: breit säulenförmig
Wuchshöhe ungeschnitten: 100 bis 150 cm
Frucht: rot, sehr zahlreich, Samen zerkaut giftig
Nadeln: bis 3 cm, giftig
Hecke (Schnitthöhe): locker, 80 bis 150 cm
Weitere Verwendungsmöglichkeiten: Hausgarten, Heidegarten, Steingarten, Vogelschutzgehölz, Vogelnährgehölz, toleriert Vollschatten.
Tipp: Kräftiger Schnitt möglich, dann lässt der Fruchtbehang jedoch deutlich nach.

Brabant-Lebensbaum
***Thuja occidentalis* 'Brabant'**

Gruppe: Nadelbaum
Profil: Die Nummer eins unter den Heckenthujen. Ideal für preiswerte Nadelhecken, rasch wachsend und im Winter nicht braun werdend. Vereinigt ausgeprägte Standorttoleranz und bewährte Anspruchslosigkeit.
Standort: sonnig bis schattig
Wuchsform ungeschnitten: schmal kegelförmig
Wuchshöhe ungeschnitten: 500 bis 700 cm
Nadeln: schuppenförmig, giftig
Winterlaub: grün, nicht verfärbend
Hecke (Schnitthöhe): 60 bis 250 cm
Weitere Verwendungsmöglichkeiten: Hausgarten, Vogelschutzgehölz, toleriert Vollschatten, in Teichnähe, frosthartes Kübelgehölz.
Tipp: Sehr schnittverträglich.

Smaragd-Lebensbaum
***Thuja occidentalis* 'Smaragd'**

Gruppe: Nadelstrauch
Profil: Edler Lebensbaum für frischgrüne Nadelhecken. Wächst etwas schwächer als 'Brabant', was den höheren Preis gegenüber den konventionellen Hecken-

thujen erklärt. Geringerer Schnittaufwand in den Folgejahren und attraktive Optik rechtfertigen diese Investition aber rasch. Die Nadeln bleiben auch im Winter glänzend sattgrün.
Standort: sonnig bis schattig
Wuchsform ungeschnitten: säulenförmig
Wuchshöhe ungeschnitten: 200 bis 300 cm
Nadeln: schuppenförmig, dicht angeordnet, giftig
Hecke (Schnitthöhe): 60 bis 200 cm
Weitere Verwendungsmöglichkeiten: Hausgarten, Heidegarten, Steingarten, toleriert Vollschatten, in Teichnähe, frosthartes Kübelgehölz.
Tipp: Sehr schnittverträglich.

Großer Goldspitzen-Lebensbaum *Thuja plicata* 'Aurescens'

Gruppe: Nadelbaum
Profil: Die Besonderheit dieses Lebensbaumes liegt in den auffallenden, grüngelben Triebspitzen, die einer Hecke besonderes Leben verleihen. Durch die kräftige Nadelstruktur auch als Hintergrund für Blumenbeete und Rabatten geeignet. Passt vorzüglich zu mediterran angehauchten Hausdesigns.
Standort: sonnig bis halbschattig
Wuchsform ungeschnitten: breit kegelförmig
Wuchshöhe ungeschnitten: 500 bis 700 cm
Nadeln: schuppenförmig, Triebspitzen grünlich gelb, später weißlich gestreift, giftig
Hecke (Schnitthöhe): 150 bis 300 cm
Weitere Verwendungsmöglichkeiten: Hausgarten, Heidegarten, Steingarten, Vollschatten, in Teichnähe.
Tipp: Sehr schnittverträglich.
Weitere Sorten: 'Atrovirens' mit dunkelgrüner Belaubung; 'Aurea' mit gelblichen Nadeln.

Gehölze für lockere, nicht formierte Hecken (Blüten- und Fruchthecken)

Hängende Felsenbirne *Amelanchier laevis* 'Ballerina'

Gruppe: Laubstrauch
Profil: Bestauslese aus der Gemeinen Felsenbirne mit betont malerischem Wuchs. Mit ihren sehr großen Blütentrauben im Frühjahr, den zahlreichen Früchten im Sommer und der bunten Laubfärbung im Herbst ein ech-

Großer Goldspitzen-Lebensbaum als schwungvoller Hausrahmen.

ter Heckenstar nicht nur für Vogel- und Wildobstfreunde. Die genießbaren Beeren erscheinen ab Juli in großer Fülle. Fruchtige Ergänzung für hohe Blütenhecken.
Standort: sonnig bis halbschattig
Wuchsform: bogig überhängend
Wuchshöhe: 200 bis 300 cm
Blüte: weiß, Traube
Blütezeit: April bis Mai
Frucht: rotschwarz
Laub: oval, bis 10 cm
Herbstfärbung: gelbrot
Hecke: locker, über 200 cm
Weitere Verwendungsmöglichkeiten: Hausgarten, Wildobst (früherer Korinthenersatz), Heidegarten, Vogelnährgehölz, Bienenweide, Blütentriebe für Schnitt, Formgehölz, für Sandböden, als Zierstamm angeboten, Dachgarten, in Teichnähe, frosthartes Kübelgehölz.
Tipp: Rückschnitt nicht empfehlenswert, Auslichten im mehrjährigen Rhythmus vollkommen ausreichend. Veredelte Pflanze, Wildtriebe sofort an der Ansatzstelle entfernen.

Hängende Felsenbirnen bieten nach dem Sommer buntes Herbstlaub und viele Beeren.

Immergrüne Kissen-Berberitze
Berberis candidula

Gruppe: Immergrüner Laubstrauch
Profil: Die Wind und Trockenheit toleranten grünen Wälle verwandeln sich im Mai in gelbe Blütenbänder. Die Immergrüne Kissen-Berberitze ist eine hervorragende Einfassungspflanze, die ähnlich wie Buchs eingesetzt werden kann. Extrem pflegeextensiv.
Standort: sonnig bis schattig
Wuchsform: polsterförmig
Wuchshöhe: 60 bis 100 cm
Blüte: gelb
Blütezeit: Mai
Trieb: bedornt
Laub: elliptisch, bis 3 cm, immergrün
Winterlaub: teils gelbrot
Hecke: locker, bis 70 cm
Weitere Verwendungsmöglichkeiten: Hausgarten, Heidegarten, Steingarten, Bienenweide, für Grabstellen, Dachgarten.
Tipp: Enorm schnittverträglich, kräftiger Verjüngungsschnitt kein Problem.

Dotter-Berberitze
Berberis × stenophylla

Gruppe: Immergrüner Laubstrauch

Immergrüne Dotter-Berberitzen gelten als die blühstärksten Berberitzen.

Profil: Blühstarker Strauch, der undurchdringliche Einfriedungen bildet und unerwünschte Gäste abhält. Gartenzierde und Vogelschutz in einem. Die Maiblüte mit zahlreichen orangegelbe Blüten ist spektakulär. Braucht Platz, da breit wachsend. Mit den Jahren durch überhängende Triebe betont beschwingter Wuchs.
Standort: halbschattig
Wuchsform: breitbuschig
Wuchshöhe: 100 bis 150 cm
Blüte: gelborange, Büschel
Blütezeit: Mai bis Juni
Frucht: blauschwarz
Trieb: bedornt
Laub: lanzettlich, bis 3 cm, immergrün
Hecke: locker, über 100 cm
Weitere Verwendungsmöglichkeiten: Hausgarten, Wildobst, Heidegarten, Steingarten, Vogelschutzgehölz, Bienenweide.
Tipp: Schnitt unüblich, jedoch kräftigen Verjüngungsschnitt vertragend. Reisigschutz über den Winter schützt die Triebe vor dem Zurückfrieren.

Schmetterlingsstrauch
***Buddleja davidii*-Sorten**

Gruppe: Laubstrauch
Profil: Der Schmetterlingstreffpunkt begeistert nicht nur Falter, die in großer Zahl von den Blütenrispen angelockt werden. Auch Heckenfreunde zieht er mit seinem duftigen Blütenreichtum in den Bann. Wer einen etwa 2 m breiten Pflanzstreifen erübrigen kann, liegt mit diesem Sonnenanbeter und Sommerblüher richtig. Kaum eine Blütenhecke bietet mehr Duft und Farbe pro Quadratmeter.
Standort: sonnig
Wuchsform: trichterförmig
Wuchshöhe: 200 bis 300 cm
Blüte: je nach Sorte weiß, rosa, rot, violett, gelb, Rispen bis 50 cm
Blütezeit: Juli bis Oktober
Duft: angenehm, zum Teil herbaromatisch
Laub: lanzettlich, bis 20 cm
Hecke: locker, über 200 cm
Weitere Verwendungsmöglichkeiten: Hausgarten, Bienenweide, schnell wachsendes Gehölz, Dachgarten.
Tipp: Ein radikaler Frühjahrsschnitt sichert sommerliche Blütenfülle. Auf nährstoffarmen Standorten bessere Ausreife des Holzes. Den Wurzelbereich junger Pflanzen im Winter mit Laub- oder Reisigdecke schützen.
Sortenauswahl (Blüte/Duft): 'Black Knight' (violett, leicht), 'Border Beauty' (rotviolett, intensiv), 'Empire Blue' (blau, intensiv), 'Fascination' (rosa, leicht), 'Nanho Blue' (blau, intensiv), 'Nanho Purple' (violett, intensiv), 'Niobe' (rotviolett, leicht), 'Peace' (weiß, leicht), 'Pink Delight' (rosa, intensiv), 'Purple Prince' (violett, intensiv), 'Royal Red' (rotviolett, leicht), 'Summer Beauty' (rosa, intensiv), 'Sungold' (gelb, leicht).

Bartblume
***Caryopteris*-Sorten**

Gruppe: Laubstrauch
Profil: Staudenartiger Halbstrauch, der im blütenarmen Spätsommer blaue Wälle bildet, die Hummeln und Hobbygärtner erfreuen. Bereits im ersten Jahr der Pflanzung lassen sie echte Provencestimmung aufkommen. Die dekorativen Bartblumen-Hecken bieten sich als Rahmen für Rosen, Gräser und graulaubige Stauden an.
Standort: sonnig
Wuchsform: buschig, vieltriebig
Wuchshöhe: 60 bis 100 cm
Blüte: blau, Büschel, am diesjährigen Holz
Blütezeit: August bis Oktober
Laub: auf der Unterseite silbrig schimmernd, bis 8 cm
Hecke: locker, über 50 cm
Weitere Verwendungsmöglichkeiten: Hausgarten, Heidegarten, Steingarten, Bienenweide, Blütentriebe für Schnitt, Dachgarten.
Tipp: Winterschutz an der Basis; regelmäßiger kräftiger Frühjahrsschnitt steigert die Blütenfülle.
Sortenauswahl: 'Heavenly Blue' (blau), 'Kew Blue' (dunkelblau). Eine Neuheit mit attraktiv blauen Blüten und glänzendem Laub ist die Sorte 'Grand Blue', die bereits in gut sortierten Baumschulen und GartenCentern erhältlich ist.

Mit einer frühen Märzblüte und vielen Sommerfrüchten wartet die Zierquitte auf.

Zierquitte
***Chaenomeles*-Sorten**

Gruppe: Laubstrauch
Profil: Der robuste Kleinstrauch vereint mühelos Zierde und Nutzen. Die Blüten beeindrucken mit einer Leuchtkraft, die je nach Sorte bereits im Vorfrühling alle Blick auf sich zieht. Eine Heckenpflanzung verstärkt diesen Effekt noch. Aus den Blüten entwickeln sich duftende Früchte, die sich bestens als Küchenobst eignen.
Standort: sonnig bis halbschattig
Wuchsform: breit ausladend
Wuchshöhe: 60 bis 100 cm
Blüte: je nach Sorte rot, weiß, rosa
Blütezeit: April bis Mai
Frucht: gelbgrün
Trieb: Kurzdornen
Laub: oval, ledrig, bis 5 cm
Hecke: locker, bis 100 cm
Weitere Verwendungsmöglichkeiten: Hausgarten, Wildobst, Heidegarten, Vogelschutzgehölz, Vogelnährgehölz, Bienenweide, Blütentriebe für Schnitt, für Sandböden, Dachgarten, frosthartes Kübelgehölz.
Tipp: Nicht im Wurzelbereich graben, Verjüngung mit zunehmendem Alter weniger Erfolg versprechend. Bildet auch ohne Schnitt reichlich Blütentriebe.
Sortenauswahl: 'Cido' (orangerot, besonders vitaminreiche

»Nordische Zitrone«), 'Crimson and Glory' (dunkelrot), 'Nivalis' (weiß), 'Elly Mossel' (orangerot, sommerliche Nachblüte), 'Firedance' (rot), 'Nicoline' (dunkelrot).

Die Kornelkirsche ist als frühe Bienenweide und Fruchtstrauch für Ökohecken unentbehrlich.

Weißbunter Purpur-Hartriegel
***Cornus alba* 'Sibirica Variegata'**

Gruppe: Laubstrauch
Profil: Zierstrauch mit vielen positiven Eigenschaften und höchster Multifunktionalität. Zu dem strahlend weißbunten Laub und der weithin leuchtenden roten Rinde kommen gute Winterhärte und Robustheit. Heckenartige Anpflanzungen dieses Sichtschutzgehölzes verstärken seinen ökologischen Nutzen, denn dann finden auch größere Tiere darin sicheren Unterschlupf und Vögel zahllose Nistgelegenheiten.
Standort: sonnig bis schattig
Wuchsform: breitbuschig
Wuchshöhe: 150 bis 200 cm
Blüte: cremefarben, Trugdolde
Blütezeit: Mai bis Juni
Frucht: weißlich bis hellblau
Rinde: rötlich
Laub: weißbunt, oval, bis 8 cm
Herbstfärbung: rotorange
Hecke: locker, über 150 cm
Weitere Verwendungsmöglichkeiten: Hausgarten, Vogelschutzgehölz, Vogelnährgehölz, Bienenweide, Dekortriebe für Schnitt, in Teichnähe, frosthartes Kübelgehölz.
Tipp: Rückschnitt im mehrjährigen Turnus fördert leuchtend rotrindige Jungtriebe, jedoch sind radikale Verjüngungsschnitte mit zunehmendem Alter weniger Erfolg versprechend. Das gelbbunte Pendant ist die Sorte 'Spaethii' mit ähnlichen Eigenschaften wie die weißbunte Variante.

Kornelkirsche
Cornus mas

Gruppe: Laubstrauch
Profil: Ökologisch besonders wertvoller Heckenstrauch, in dem sich ganze Naturkreisläufe abspielen können. Der vielseitige Wildobst-Spender braucht allerdings einen etwa 2 m breiten Pflanzstreifen, damit er seine Vorzüge, wie die gelbe Blüte im Vorfrühling und die auffällige Herbstbelaubung, entsprechend in Szene setzen kann. Alte Pflanzen können im Rhythmus von 10 bis 15 Jahren immer wieder radikal verjüngt werden.
Standort: sonnig bis schattig
Wuchsform: breitbuschig
Wuchshöhe: 200 bis 300 cm
Blüte: gelb, Dolde
Blütezeit: März bis April
Frucht: rot, bis 2 cm
Laub: oval, bis 10 cm
Herbstfärbung: gelborange

Rote Perückensträucher kommen selbst während trockener Sommermonate nicht ins Schwitzen.

Hecke: locker, über 200 cm
Weitere Verwendungsmöglichkeiten: Hausgarten, Wildobst, heimisches Gehölz, Vogelschutzgehölz, frühe Bienenweide, Blütentriebe für Schnitt, Formgehölz, für Sandböden, Bauerngarten.
Tipp: Sehr gut schnittverträglich, selbst aus altem Holz gut nachtreibend.

Roter Perückenstrauch
Cotinus coggygria
'Royal Purple'

Gruppe: Laubstrauch
Profil: Idealer Werkstoff für rote Heckenwälle, deren Flammenfarbe selbst auf trockensten Böden nicht verlischt. Der deutsche Name geht auf die haarschopfartigen Fruchtstände zurück, die jede Perückenstrauchhecke während des Sommers mit einem weichen Schleier überziehen. Bis zum Herbst verfärben sich die Blütenstände rot. Tipp für alle Heckenfreunde, die Platz haben und eine ausgefallene Heckenvariante zu schätzen wissen.
Standort: sonnig
Wuchsform: breitbuschig
Wuchshöhe: 150 bis 200 cm
Blüte: gelblich rot, Rispe
Blütezeit: Juni bis Juli
Frucht: rosarot, perückenartiger Fruchtstand
Laub: rot, eiförmig, bis 9 cm
Herbstfärbung: gelbrot
Hecke: locker, über 150 cm
Weitere Verwendungsmöglichkeiten: Hausgarten, Heidegarten, rote Laubtriebe für Schnitt, für Sandböden.
Tipp: Rückschnitt verunstaltet die Wuchsform, nur nach Frostschäden sinnvoll. Zudem reagieren ältere Sträucher empfindlich auf radikale Eingriffe.

Maiblumenstrauch
Deutzia gracilis

Gruppe: Laubstrauch
Profil: Der Maiblumenstrauch ist eine Miniaturausgabe großer Deutzien und bildet mit zahllosen Blüten übersäte weiße Heckenwälle. Diese lieblichen, fast krautartig wirkenden Zwerghecken sind absolut problemlos, einsteigerfreundlich und passen als preiswerte Einfassungen zu Stauden und Rosen, Hortensien und Blumenbeeten.
Standort: sonnig bis halbschattig
Wuchsform: breitbuschig
Wuchshöhe: 40 bis 60 cm
Blüte: weiß, Rispe
Blütezeit: Mai bis Juni
Laub: oval, bis 6 cm
Hecke: locker, bis 50 cm
Weitere Verwendungsmöglichkeiten: Hausgarten, Bienenwei-

de, Blütentriebe für Schnitt und Treiberei, Dachgarten, Minigärten.
Tipp: Ein kräftiger Rückschnitt direkt nach der Blüte beeinflusst die nächstjährige Blütenfülle und -größe positiv.

Guter Anwärter für mannshohe Blütenhecken: Gefüllter Sternchenstrauch.

Gefüllter Sternchenstrauch *Deutzia scabra* 'Plena'

Gruppe: Laubstrauch
Profil: Blütenhecken brauchen Platz, damit sie ihre Pracht in Szene setzen können. Dieser Blütenstrauch mit seinen zahlreichen dicht gefüllten, weißen, zartrosa überhauchten Blüten, die zum Sommeranfang im Garten einen Blickfang bilden, macht da keine Ausnahme. Der Pflanzstreifen sollte mindestens 2 m breit sein. Dann bauen sich Deutzien innerhalb von drei Jahren zu wahren Blütenbergen auf.
Standort: sonnig bis halbschattig
Wuchsform: aufrecht
Wuchshöhe: 200 bis 300 cm
Blüte: weißrosa, gefüllt, Rispe
Blütezeit: Juni bis Juli
Laub: oval, über 14 cm
Hecke: locker, über 200 cm
Weitere Verwendungsmöglichkeiten: Hausgarten, Bienenweide, Dachgarten.
Tipp: Regelmäßiges Auslichten im Zweijahres-Rhythmus regt eine fortlaufende Strauchererneuerung an und ist brachialen Radikalverjüngungen vorzuziehen. Dennoch sind auch letztere möglich.

Niedriger Korkflügelstrauch *Euonymus alatus* 'Compactus'

Gruppe: Laubstrauch
Profil: Keine echte Heckenpflanze, aber mit seiner grandiosen feuerroten Herbstfärbung setzt der Korkflügelstrauch spektakuläre Akzente. Schöner kann Herbstlaub nicht den Sommer verabschieden. Dazu Korkleisten als Winterzierde – kurzum: ein wichtiger Teamarbeiter in artenreichen, halbhohen Blütenhecken mit Herbstaspekt. Platzbedarf in der Breite: 1 m.
Standort: sonnig bis halbschattig
Wuchsform: breitbuschig
Wuchshöhe: 60 bis 100 cm
Blüte: grünlichgelb, Traube
Blütezeit: Mai bis Juni
Frucht: rot, giftig, Fruchtansatz jedoch gering
Rinde: Korkleisten
Laub: oval, bis 6 cm
Herbstfärbung: rot
Hecke: locker, über 60 cm
Weitere Verwendungsmöglichkeiten: Hausgarten, Heidegarten, Steingarten, Bienenweide, Dekortriebe für Schnitt, Dachgarten, frosthartes Kübelgehölz.
Tipp: Niemals im Wurzelbereich graben. Schnitt möglich, verunstaltet aber die natürliche Schönheit des Strauches.

Schirm-Bambus
Fargesia murielae in Sorten

Gruppe: Immergrüner Laubstrauch
Profil: Fargesien bleiben auch nach der spektakulären Vollblüte Ende des letzten Jahrhunderts mit nachfolgendem Totalausfall die schönsten Bambusse für Sichtschutzgestaltungen. Sie gehören zur Gruppe der horstbildenden Bambusse und brauchen keine mühselig einzugrabenden Rhizomsperren.
Standort: sonnig bis halbschattig
Wuchsform: aufrecht, kompakt, Horste
Wuchshöhe: 200 bis 250 cm
Halm: gelbgrün
Laub: immergrün, lanzettlich, bis 12 cm
Hecke: locker, bis 250 cm
Weitere Verwendungsmöglichkeiten: Hausgarten, Japangarten, schnell wachsendes Gehölz, in Teichnähe.
Tipp: Windgeschützte Lage, in sommertrockenen Gebieten halbschattiger Standort empfohlen. In der Jugend winterlichen Laubschutz gewähren. Während der Wachstumsphase ausreichend mit Nährstoffen und Wasser versorgen. Die Horste können durch Herausschneiden einzelner Halme – wenn gewünscht – licht gehalten werden, d. h. Sie können die Sichtschutzintensität Ihrer Bambushecke regulieren.

Schirm-Bambusse eignen sich wegen ihres horstartigen Wuchses ohne Ausläuferdrang gut für Hecken.

Goldglöckchen, Forsythie
Forsythia intermedia-Sorten

Gruppe: Laubstrauch
Profil: Die Blütenfülle dieses Frühlingsklassikers ist enorm und bereits aus der Ferne zu sehen. Wer eine Frühlingshecke in strahlendstem Gelb sucht, sollte es mit diesem preiswerten Ziergehölz versuchen. Wuchsstarke Sorten können auch leicht zu formierten Blütenhecken erzogen werden. Außerdem gibt es zahlreiche Zwergsorten, die auch für kleinere Grundstücke in Frage kommen.
Standort: sonnig bis halbschattig
Wuchsform: trichterförmig
Wuchshöhe: je nach Sorte bis 250 cm
Blüte: gelb
Blütezeit: März bis April
Laub: lanzettlich, bis 12 cm
Hecke: locker oder streng formiert, 100 bis 200 cm
Weitere Verwendungsmöglichkeiten: Hausgarten, Blütentriebe für Schnitt, schnell wachsend.
Tipp: Im zweijährigen Turnus alte Triebe auslichten; radikale Verjüngung möglich, dann allerdings Blühpause.
Sortenauswahl: 'Lynwood Gold' (bis 250 cm), 'Mêlée d'Or' (nur bis 80 cm), 'Minigold' (nur bis 100 cm), 'Spectabilis' (bis 250 cm), 'Weekend' (bis 150 cm).

Goldglöckchenhecken können locker und frei wachsend, aber auch streng formiert gezogen werden.

Frucht-Sanddorn
***Hippophae rhamnoides*-Sorten**

Gruppe: Laubstrauch
Profil: Wildobst-Hecken sieht man noch viel zu selten. Dabei bieten sie mit großfrüchtigen Bestauslesen Wellness pur. Die vitaminreichen Sanddornfrüchte beispielsweise sind ein Fitness-Obst allererster Güte und Grundlage für Säfte, Marmeladen und andere Köstlichkeiten. Der silbrig glänzende Strauch ist extrem hitze- und trockenheitsresistent und ein echter Pionier für humusarme Standorte, auf denen sonst kaum eine der gängigen Gartenpflanzen überzeugen kann.
Standort: sonnig
Wuchsform: trichterförmig
Wuchshöhe: 150 bis 200 cm
Frucht: orange
Trieb: bedornt
Laub: silbrig, lanzettlich, bis 7 cm
Hecke: locker, über 100 cm
Weitere Verwendungsmöglichkeiten: Hausgarten, Wildobst, Vogelschutzgehölz, Vogelnährgehölz, Bienenweide, Fruchttriebe für Schnitt, für Sandböden, frosthartes Kübelgehölz.
Tipp: Verträgt radikalen Rückschnitt. Das Hinzupflanzen männlicher Befruchtersorten erhöht den Ernteertrag deutlich.
Sortenauswahl: 'Leikora' (großfrüchtige Selektion), 'Pollmix' (männlicher Pollenspender).

Strauch-Hortensie
Hydrangea arborescens
'Annabelle'

Gruppe: Laubstrauch
Profil: Der Wert dieser Sorte liegt in den bis zu 25 cm großen, weißen Blütenbällen mit ungewöhnlich langer Blühzeit. Wer einmal einen Heckenwall dieser »Lady in Weiß« gesehen hat, wird dieses Bild auch in seinen Garten übertragen wollen. Etwa 150 cm hoch und breit, sorgt die Blütenzauberin für eine markante Umfriedung.
Standort: sonnig bis halbschattig
Wuchsform: breitbuschig
Wuchshöhe: 100 bis 150 cm
Blüte: weiß, Schirmrispe
Blütezeit: Juli bis September
Laub: eiförmig, bis 15 cm
Hecke: locker, über 100 cm
Weitere Verwendungsmöglichkeiten: Hausgarten, Blütentriebe für Schnitt, Bauerngarten, in Teichnähe.
Tipp: Jährlicher Rückschnitt im Frühjahr. Immer für ausreichende Bodenfeuchte sorgen, da das große Laub während sommerlicher Hitzeperioden rasch schlapp macht. Die am Strauch abgeblühten Schirmrispen dienen als winterliche Zierde und Vasenschmuck. Eine weitere bewährte Sorte ist 'Grandiflora' mit schneeweißen Blüten.

Wo viel Wasser ist, zeigen Hecken aus Bauern-Hortensien ihre ganze Pracht.

Bauern-Hortensie
***Hydrangea macrophylla*- und *H. serrata*-Sorten**

Gruppe: Laubstrauch
Profil: Eine Hecke aus verschiedenfarbig blühenden Bauern-Hortensien verwandelt Ihr Gartenparadies in einen regelrechten farbenprächtigen Ballsaal. Hortensien sind bekannt für ihr zartes Farbspiel, das bestens zum Sommergarten passt. Wichtig ist ein ausreichend bodenfeuchter Standort, da die Pflanzen sonst mit den Nachbarpflanzen um das lebenserhaltende Nass konkurrieren.
Standort: sonnig bis halbschattig
Wuchsform: aufrecht
Wuchshöhe: 100 bis 150 cm
Blüte: je nach Sorte blau, rosa, rot, lila, weiß, Trugdolde
Blütezeit: Juni bis September
Laub: elliptisch, bis 15 cm
Hecke: locker, über 100 cm
Weitere Verwendungsmöglichkeiten: Heidegarten, Trockenblüten für Winterschnitt, für Gräber, Bauerngarten, in Teichnähe.
Tipp: Radikale Verjüngung möglich, dann aber Blühpause. Besser: Rückschnitt lediglich bis Kniehöhe, damit ausreichend altes Holz am Strauch bleibt. Im Winter sind die braunen Blütenstände eine besondere Dekoration für drinnen und draußen.

Kleinblumiger Johannisstrauch
***Hypericum* 'Hidcote'**

Gruppe: Laubstrauch
Profil: Wer sich für eine Blütenhecke entscheidet, erwartet zu Recht eine möglichst lange Blütezeit. Und dieser Flächendecker bricht alle Rekorde: Mehrere Monate werden die gelben Blütenmassen zu einem farbenprächtigen Standbild mit bester Fernwirkung und Bienen und Hummeln können hier unbegrenzt Pollen tanken.

Kleinblumiger Johannisstrauch.

Standort: sonnig bis schattig
Wuchsform: breitbuschig
Wuchshöhe: 100 bis 150 cm
Blüte: goldgelb
Blütezeit: Juni bis Oktober
Laub: wintergrün, oval, bis 5 cm
Hecke: locker, über 100 cm
Weitere Verwendungsmöglichkeiten: Bei regelmäßigem, erdnahem Rückschnitt Bodendecker, Hausgarten, Heidegarten, Bienenweide, toleriert Vollschatten, Dachgarten, für große Tröge.
Tipp: Kräftiger Frühjahrsschnitt fördert Blütengröße und -fülle.

Gefüllter Ranunkelstrauch
Kerria japonica 'Pleniflora'

Gruppe: Laubstrauch
Profil: Dieser Blütenstrauch ist ein Phänomen. Obwohl es keinen preiswerteren Gelbblüher gibt, der zudem auch noch in vollschattigen Lagen aufhellende Akzente setzt, sieht man Ranunkelstrauchhecken nur selten. Offenbar schließen viele Gartenfreunde wegen des günstigen Einstiegspreises auf eine unbedeutende Heckenpflanze. Dabei bildet dieser Strauch dank seiner vitalen Ausläuferbildung eine sich besonders rasch ausbreitende Blütenhecke. Im Winter zieren zudem die frischen Triebe.
Standort: sonnig bis schattig
Wuchsform: buschig
Wuchshöhe: 150 bis 200 cm
Blüte: gelb, nelkenähnlich
Blütezeit: April bis Mai
Rinde: grün
Laub: oval, bis 7 cm
Herbstfärbung: gelb
Hecke: locker, über 150 cm
Weitere Verwendungsmöglichkeiten: Hausgarten, schnell wachsendes Gehölz, toleriert Vollschatten, Dachgarten, Bauerngarten, in Teichnähe.
Tipp: Alte, mehrjährige Triebe in regelmäßigem Turnus bodennah entfernen. Radikale Verjüngung kann unerwünschte Ausläuferbildung fördern.

Reichblütiger Lavendel
Lavandula angustifolia 'Hidcote'

Gruppe: Immergrüner Laubstrauch
Profil: Blauer Wunderstrauch mit silbrig schimmernder Belaubung für sonnige Gärten. Herrliche Einfassung für Rosen oder einfach pur als niedrig-lockere Parfümwälle, die an die Provence erinnern. Frosthärter als bisher angenommen. Selbst den Ausnahmewinter 2002/2003 überstand der Laubstrauch besser als so manches heimische Gewächs.
Standort: sonnig

Gefüllte Ranunkelstrauch-Hecken blühen auch im Schatten zuverlässig üppig.

Lavendelwälle bringen einen Hauch Provence in den Garten.

Wuchsform: buschig
Wuchshöhe: 40 bis 60 cm
Blüte: blauviolett, Scheinähre
Blütezeit: Juli bis September
Duft: angenehm, aromatisch
Laub: silbrig, linear, bis 4 cm, immergrün
Hecke: locker, bis 50 cm
Weitere Verwendungsmöglichkeiten: Hausgarten, Heidegarten, Steingarten, Bienenweide.
Tipp: Ein kräftiger Rückschnitt im Frühjahr fördert die sommerliche Blütenfülle.

Blauraute
Perovskia abrotanoides

Gruppe: Laubstrauch
Profil: Blau ist und bleibt eine besonders attraktive Gartenfarbe. Deshalb stehen »blaublütige« Pflanzen wie die Perovskia hoch im Kurs. Reich blühend und ein Insektenmagnet im blütenarmen Spätsommer, verteilt sie großzügig Blau in Hülle und Fülle in Ihrer Gartenoase. Als Heckenwall umfasst der sonnenhungrige Kleinstrauch Sonnenkinder wie Rosen und Säckelblumen. Das graufilzige Laub bildet in einem attraktiven Kontrast zur Leuchtkraft der Blüten.
Standort: sonnig
Wuchsform: breitbuschig
Wuchshöhe: 60 bis 100 cm
Blüte: blau, Ähre
Blütezeit: Juli bis Oktober
Duft: streng aromatisch
Laub: doppelt gefiedert, bis 6 cm
Hecke: locker, bis 50 cm
Weitere Verwendungsmöglichkeiten: Hausgarten, Heidegarten, Steingarten, Bienenweide, für Sandböden.
Tipp: Jährlicher, radikaler Rückschnitt im Frühjahr zwingend notwendig. Winterschutz mit Laubmulch oder Nadelreisig ratsam.

Gefüllter Gartenjasmin
Philadelphus 'Virginal'

Gruppe: Laubstrauch
Profil: Der an sich bekannte Philadelphus 'Virginal' ist als Ingredienz für mannshohe Blütenwälle ein Newcomer, dessen Heckenwert erst in jüngster Zeit gebührend gewürdigt wird. Der schönste der gefüllt blühenden Gartenjasmine wächst betont aufrecht und seine Blüten umgibt ein lieblicher Duft.

Preiswerter Heckenwerkstoff, der ideal zu Deutzien und Weigelien passt. Platzbedarf in der Breite: 2 Meter.
Standort: sonnig bis halbschattig
Wuchsform: aufrecht buschig
Wuchshöhe: 150 bis 200 cm
Blüte: weiß, gefüllt, Traube
Blütezeit: Mai bis Juli
Duft: angenehm
Laub: länglich, bis 7 cm
Hecke: locker, über 150 cm
Weitere Verwendungsmöglichkeiten: Hausgarten, Bienenweide, Blütentriebe für Schnitt, Bauerngarten.
Tipp: Auslichten alter Triebe in mehrjährigem Turnus, liebt offenen Boden.

Gelbe Fasanenspiere
***Physocarpus opulifolius* 'Dart's Gold'**

Gruppe: Laubstrauch
Profil: Nur wenige gelblaubige Laubgehölze sind so robust, dass sie es mit Widrigkeiten wie Trockenheit, Frost und voller Sonne aufnehmen können. Die gelbe Fasanenspiere bildet in dieser Kategorie eine Ausnahme und setzt sommerliche Akzente in kontrastreichen Pflanzungen. Der anspruchslose Strauch mit bester Standorttoleranz und guter Fernwirkung benötigt auf Dauer einen etwa 1 m breiten Pflanzstreifen. Steht dieser Raum nicht zur Verfügung, kann eine *Physocarpus*-Hecke durch strengen Formschnitt auch schmaler gehalten werden.
Standort: sonnig bis schattig
Wuchsform: buschig aufrecht
Wuchshöhe: 60 bis 100 cm
Blüte: weißrosa, Doldentraube
Blütezeit: Juni bis Juli
Frucht: rötlich
Laub: gelb, dreiteilig gelappt, bis 10 cm
Hecke: locker oder streng formiert, bis 100 cm
Weitere Verwendungsmöglichkeiten: Hausgarten, Vogelschutzgehölz, Vogelnährgehölz, für Sandböden, toleriert Vollschatten, in Teichnähe.

Die Gelbe Fasanenspiere ist ein echtes Hecken-Chamäleon, das während des Spätsommers vergrünt.

Ihr rotlaubiges Gegenstück, die Fasanenspiere 'Diabolo', kontrastiert perfekt mit den weißen Blüten.

Tipp: Radikaler Verjüngungsschnitt mit zunehmendem Alter wenig Erfolg versprechend.
Weitere Sorte: Das rotlaubige Pendant zu 'Dart's Gold' ist 'Diabolo', das sonst die gleichen Wuchseigenschaften aufweist.

Fingerstrauch
Potentilla fruticosa-Sorten

Gruppe: Laubstrauch
Profil: Fingersträucher lassen sich zu Blütenhecken formieren, die an Robustheit nicht zu übertreffen sind. Voraussetzung für ausdauernde Vitalität ist allerdings ein Minimum an Bodenfeuchte. Bei längerer Bodentrockenheit werden die extrem lang blühenden Zierzwerge anfällig für Mehltau.
Standort: sonnig
Wuchsform: breitbuschig bis niederliegend
Wuchshöhe: 40 bis 60 cm
Blüte: je nach Sorte gelb, weiß, rosa, rot
Blütezeit: Mai bis November, je nach Sorte
Laub: gefingert, bis 4 cm
Hecke: locker, bis 50 cm
Weitere Verwendungsmöglichkeiten: Hausgarten, Bodendecker, Heidegarten, Steingarten, Bienenweide, Dachgarten, frosthartes Kübelgehölz.
Tipp: Ein radikaler Rückschnitt im Frühjahr fördert Blütenfülle und -größe. Ungeschnittene Bestände neigen zum Vergreisen und Auseinanderfallen.
Sortenauswahl (Farbe/Blütendurchmesser): 'Abbotswood' (weiß; bis 2,5 cm), 'Goldfinger' (gelb; bis 5 cm), 'Goldteppich' (gelb; bis 4,5 cm), 'Jolina' (tief gelb; bis 4 cm), 'Lovely Pink' (rosa; bis 4 cm), 'Red Ace' (rot; bis 3 cm), 'Red Robin' (rot; bis 3 cm).

Etwas ganz Besonderes sind schwarzrotlaubige Hecken aus Blut-Pflaumen. Bei regelmäßigem Schnitt blühen sie auch als formierte Blütenhecken erstaunlich intensiv.

Blut-Pflaume
Prunus cerasifera 'Nigra'

Gruppe: Laubstrauch
Profil: Der besonders attraktive Farb- und Fruchtstrauch mit vitaler Wuchskraft lässt sich auf zweierlei Art als Hecke einsetzen. Wer viel Platz hat und eine sehr hohe, sommerlang rote Laubwand sucht, lässt die Pflanzen ungeschnitten. Dann blühen die Gehölze im April überreich. Im Herbst bilden sich süß schmeckende, bis 3 cm lange Früchte. Auf begrenztem Areal kann eine Blutpflaumenhecke aber auch streng formiert werden. Sie wird dann wie eine Buchenhecke behandelt. Die idealen Schnittmaße liegen bei 200 bis 250 cm Höhe und 80 cm Breite.
Standort: sonnig bis halbschattig
Wuchsform: trichterförmig
Wuchshöhe: 200 bis 300 cm
Blüte: rosaweiß
Blütezeit: April
Frucht: rot, essbar

Laub: schwarzrot, oval, bis 8 cm
Herbstfärbung: rötlich
Hecke: locker, über 200 cm
Weitere Verwendungsmöglichkeiten: Hausgarten, Wildobst, Vogelschutzgehölz, Vogelnährgehölz, Bienenweide, Blütentriebe für Schnitt.
Tipp: Ein Rückschnitt großer Solitäre ist möglich, verunstaltet jedoch ihre Wuchsschönheit.

Schlehe
Prunus spinosa

Gruppe: Laubstrauch
Profil: Robuster Heckenstrauch für naturnahe Hecken. Die Nektar spendende Bienenweide mit weißer März-Blüte ist nicht klein zu kriegen und verträgt einen Schnitt jeglicher Art zu jeder Jahreszeit. Die spitzen Triebdornen sorgen für sicheren Vogelschutz und sind vor allem bei älteren Pflanzen ohne akute Verletzungsgefahr nicht zu überwinden. Preiswerter Ersatz für teure Sicherheitszäune.
Standort: sonnig bis halbschattig
Wuchsform: breitbuschig, ausladend
Wuchshöhe: 150 bis 200 cm
Blüte: weiß
Blütezeit: März bis April
Duft: angenehm
Frucht: blauschwarz
Trieb: Triebdornen
Laub: eiförmig, bis 5 cm
Herbstfärbung: gelb
Hecke: locker, über 150 cm
Weitere Verwendungsmöglichkeiten: Hausgarten, Wildobst, heimisches Gehölz, Vogelschutzgehölz, Vogelnährgehölz, Bienenweide, Formgehölz bei regelmäßigem Schnitt.
Tipp: Selbst radikalsten Rückschnitt vertragend.

Großblumige Rhododendren
***Rhododendron*-Sorten**

Gruppe: Immergrüner Laubstrauch
Profil: Die großen Blütensträucher aus Ostasien entwickeln sich immer mehr zu einer Heckenalternative Hobbygärtner, die etwas Besonderes suchen. Auch der relative hohe Anschaffungspreis hält Kenner nicht

Rhododendronhecken wachsen auf ausreichend feuchten, sauren Gartenböden.

Großblumiger Rhododendron.

davon ab, ihr Grundstück mit diesen Blütenträumen zu umgeben. Rhododendren entfalten sich sogar unter lichtdurchlässigen Baumkronen und im Schattenbereich sattgrün und blühwillig und bieten rund ums Jahr besten Sichtschutz.
Standort: halbschattig bis schattig
Wuchsform: breitbuschig, halbkugelig, locker
Wuchshöhe: 100 bis 200 cm
Blüte: je nach Sorte rosa, weiß, violett, rot, gelb
Blütezeit: Mai bis Juni
Duft: sortenunterschiedlich
Laub: länglich eiförmig, immergrün, bis 20 cm
Hecke: locker, bis 200 cm
Weitere Verwendungsmöglichkeiten: Hausgarten, Japangarten, Heidegarten, Vogelschutzgehölz, Bienenweide, als Zierstamm angeboten, in Teichnähe.
Tipp: Niemals im Wurzelbereich graben, nicht zu tief pflanzen. Rückschnitt unüblich, dennoch radikale Verjüngung möglich, dann aber Blühpause. INKARHO® -Sorten wachsen sogar auf Böden mit mäßigem Kalkgehalt.
Sortenauswahl: 'Blue Peter' (hellblau, roter Fleck), 'Blattgold' (rosa, Laub gelbbunt), 'Catawbiense Grandiflora' (lila), 'Cunningham's White' (weiß), 'Diadem' (hellrosa, weinroter Fleck), 'English Roseum' (lilarosa), 'Furnivall's Daughter' (hellrosa, roter Fleck), 'Goldbukett' (cremegelb, braunroter Fleck), 'Gomer Waterer' (weiß, rosa getönt), 'Hachmann's Feuerschein' (kirschrot), 'Jacksonii' (rosa, gebliche Zeichnung), 'Nova Zembla' (rubinrot), 'Progès' (hellrosa, purpurne Zeichnung), 'Scintillation' (rosa, goldbrauner Fleck).

Zwerg-Rhododendren
Rhododendron repens-Sorten

Gruppe: Immergrüner Laubstrauch
Profil: Repens-Sorten sind die Däumlinge unter den Rhododendren, klein bleibende Blütensträucher, die beispielsweise prächtig auf halbschattige Grabstellen passen. Zudem sind sie prädestiniert für kniehohe, leuchtend rote Blütenwälle.
Standort: halbschattig bis schattig
Wuchsform: buschig
Wuchshöhe: 40 bis 60 cm
Blüte: scharlachrot
Blütezeit: Mai
Laub: breitoval, bis 5 cm, immergrün
Hecke: locker, bis 50 cm
Weitere Verwendungsmöglichkeiten: Hausgarten, Heidegarten, Steingarten, Japangarten, für halbschattige Grabstellen, in Teichnähe, Minigärten.
Tipp: Geschützter Standort. Niemals im Wurzelbereich graben, nicht zu tief pflanzen. Rückschnitt unüblich, aber dennoch möglich. Wichtig für einen dauerhaften Pflanzerfolg ist eine ausreichende Bodenfeuchtigkeit.
Sortenauswahl: 'Baden-Baden' (scharlachrot), 'Scarlet Wonder' (rot).

Japanische Azaleen
Rhododendron-Sorten

Gruppe: Immergrüner Laubstrauch
Profil: Noble Heckenalternative für geschützte Standorte. Die immergrüne Azaleengruppe lässt sich mit der Heckenschere in alle klassischen Formen der Schnitthecken bringen. Regelmäßiger Schnitt tut der Blühfreudigkeit keinen Abbruch, solange nicht bis ins alte Holz zurückgeschnitten wird. Auch einem harten Rückschnitt treiben die Heckenzauberer zwar auch wieder rasch aus, allerdings folgt dann mitunter eine mehrjährige Blühpause.
Standort: halbschattig bis schattig
Wuchsform: kompakt
Wuchshöhe: 100 bis 150 cm
Blüte: Im Handel in den Farben rosa, rot, weiß und orangerot
Blütezeit: Mai bis Juni
Laub: oval, bis 5 cm, wintergrün
Hecke: locker, bis 100 cm
Weitere Verwendungsmöglichkeiten: Hausgarten, Heidegarten, Steingarten, Japangarten, für halbschattige Grabstellen, in Teichnähe.
Tipp: Extremer Flachwurzler, deshalb niemals im Wurzelbereich graben, nicht zu tief pflanzen. Harter Rückschnitt unüblich.

Diamant-Azaleen
Rhododendron-Sorten in Farben

Gruppe: Laubstrauch
Profil: Die Strauchpolster der niedrig wachsenden Abkömmlinge der Japanischen Azaleen wachsen als Heckenpflanzen zu extrem kompakten Blütenwällen heran, die nur wenig Schnittaufwand erfordern.
Standort: halbschattig bis schattig
Wuchsform: kompakt, dicht
Wuchshöhe: 60 bis 100 cm
Blüte: Im Handel in den Farben lachs, rosa, purpur, rot und weiß angeboten
Blütezeit: Mai bis Juni
Laub: oval, bis 4 cm, teils wintergrün
Hecke: locker, bis 100 cm
Weitere Verwendungsmöglichkeiten: Hausgarten, Japangarten, in Teichnähe.
Tipp: Niemals im Wurzelbereich graben, nicht zu tief pflanzen. Rückschnitt unüblich.

Blut-Johannisbeere
Ribes sanguineum 'Atrorubens'

Gruppe: Laubstrauch
Profil: Garant für das erste Blütenrot in jeder mannshohen Frühlingshecke. Die leuchtende Blütenfarbe passt kontrastreich zu weiß blühenden Spiersträuchern und Deutzien. Die Blüten ziehen aber nicht nur Blicke an,

Japanische Azaleen sind der wertvolle Stoff, aus dem Blütenheckenträume gemacht sind.

auch hungrige Bienen und Hummeln werden über weite Entfernungen hinweg angelockt.
Standort: sonnig bis halbschattig
Wuchsform: breitbuschig
Wuchshöhe: 150 bis 200 cm
Blüte: rosarot, Traube
Blütezeit: April
Frucht: schwarz
Laub: herzförmig, gelappt, bis 10 cm
Herbstfärbung: gelb
Hecke: locker, über 150 cm
Weitere Verwendungsmöglichkeiten: Hausgarten, Vogelschutzgehölz, Bienenweide, Blütentriebe für Schnitt.
Tipp: Ein radikaler Verjüngungsschnitt ist mit zunehmendem Alter wenig Erfolg versprechend. Besser alle 2 bis 3 Jahre regelmäßig alte Triebe auslichten.

Strauchrosen
Rosa-Sorten

Gruppe: Laubstrauch
Profil: Eigentlich bilden alle Rosen mehr oder weniger große Sträucher. Als Strauchrosen bezeichnet man aber jene Arten und Sorten, die mannshohe, selbsttragende Strauchgerüste entwickeln. Sie sind meist sehr robust und wuchsvital und als häufig angeflogende Pollenquellen und Hagebuttenspender sehr dankbare und ergiebige Heckenpflanzen. In rosigen Blütenwällen erschließen auch viele Alte und Englische Rosen eine neue Verwendungsdimension. Eine sattere Blüten- und Duftpracht ist kaum vorstellbar. Für breite Blütenhecken in sonniger Lage, die dank ihrer bestachelten Triebe zudem undurchdringlich sind, eine erstklassige Wahl.
Standort: sonnig
Wuchsform: überhängend
Wuchshöhe: 150 bis 200 cm
Blüte: je nach Sorte rot, rosa, gelb, weiß
Blütezeit: Juni bis Oktober
Duft: sortenunterschiedlich
Frucht: Hagebutten
Trieb: bestachelt
Laub: gefiedert, über 10 cm
Hecke: locker, bis 150 cm
Weitere Verwendungsmöglichkeiten: Hausgarten, Wildobst, Vogelschutzgehölz, Vogelnährgehölz, Bienenweide, schnell wachsendes Gehölz, für große Grabstellen, als Zierstamm angeboten, Bauerngarten, auch für Kübel.
Tipp: Nur Auslichten, Verjüngung in mehrjährigem Turnus im Frühjahr möglich.

Rosensträucher spenden üppige Blüten für lockere Hecken. Keine andere Gartenpflanze blüht nur annähernd so lange wie die »Königin der Blumen«.

Sortenauswahl: 'Abraham Darby'® (aprikot, Duft, Englische Rose), 'Centenaire de Lourdes' (rosa, Duft), 'Red Eden Rose'® (rot, stark gefüllt), 'Ghislaine de Feligonde' (gelb, Duft, Alte Rose), 'Graham Thomas'® (gelb, Duft, Englische Rose), 'Grandhotel'® (rot), 'Heritage'® (rosa, Duft, Englische Rose), 'Lichtkönigin Lucia'® (gelb), 'Louise Odier' (rosa, Duft, Alte Rose), 'Romanze'® (rosa), Rosa gallica 'Officinalis' (karmesinrot, Duft, Apothekerrose), 'Schneewittchen'® (weiß), 'Westerland'® (apricot, Duft).

Kartoffel-Rosen sind extrem frostharte Heckenpflanzen für ungeschützte, windige Lagen.

Hunds-Rose
Rosa canina

Gruppe: Laubstrauch
Profil: Diese heimische Rose ist dank ihrer extremen Anspruchslosigkeit und ihren vielen ökologischen Funktionen eine der interessantesten Wildrosen für naturnahe Rosenhecken. Insekten aller Art kommen bei den pollengefüllten Blütenbechern voll auf ihre Kosten. Flächig angepflanzt, sorgt das strapazierfähige Wurzelwerk für eine gute Böschungsbefestigung.
Standort: sonnig bis halbschattig
Wuchsform: buschig
Wuchshöhe: 150 bis 200 cm
Blüte: weißrosa
Blütezeit: Mai bis Juni
Duft: angenehm
Frucht: Hagebutte, vitaminreich
Trieb: bestachelt
Laub: gefiedert, bis 12 cm
Hecke: locker, bis 150 cm
Weitere Verwendungsmöglichkeiten: Hausgarten, Wildobst, heimisches Gehölz, Vogelschutzgehölz, Vogelnährgehölz, Bienenweide.
Tipp: Verträgt radikalen Rückschnitt.

Kartoffel-Rose
Rosa rugosa

Gruppe: Laubstrauch
Profil: Hagebutten, robustes Laub und duftende Blüten – diese ungewöhnliche Wildrose ist die beste Wildrose für niedrige Blütenhecken. Keine andere Wild- oder Edelrose kann mehr positive Eigenschaften auf sich vereinigen. An den runzeligen Blättern ist sie leicht von allen anderen Rosenarten zu unterscheiden. Zahlreiche große Hagebutten bereits ab dem Sommer machen das sehr frostharte Stehaufmännchen zudem zu einem Wildobststrauch allererster Güte.
Standort: sonnig bis halbschattig
Wuchsform: buschig aufrecht
Wuchshöhe: 100 bis 150 cm
Blüte: violettrosa
Blütezeit: Mai bis Oktober
Duft: angenehm
Frucht: Hagebutte rot, reich an Fruchtfleisch

Trieb: borstig
Laub: gefiedert, bis 20 cm
Herbstfärbung: gelb
Hecke: locker, über 100 cm
Weitere Verwendungsmöglichkeiten: Hausgarten, Wildobst, Vogelschutzgehölz, Vogelnährgehölz, Bienenweide, Fruchttriebe für Schnitt, frosthartes Kübelgehölz.
Tipp: Ein regelmäßiger Frühjahrsschnitt oder zumindest Verjüngung im vierjährigen Turnus wirkt der Vergreisung entgegen und erhöht die Strauchvitalität.

Braut-Spiere
Spiraea arguta

Gruppe: Laubstrauch
Profil: Mit seiner reinweißen Blütenfarbe traut man diesem robusten Frühjahrsblüher die zahlreichen Gestaltungsmöglichkeiten nicht auf den ersten Blick zu. Fontänenartig sprudeln wochenlang Blütenkaskaden aus Spiraea-Hecken, die Sie mit rot blühenden Blut-Johannisbeeren und rosafarbenen Weigela vortrefflich ergänzen können. Ein Platzbedarf in der Breite von 2 m ist für einen Heckeneinsatz einzukalkulieren.
Standort: sonnig bis halbschattig
Wuchsform: buschig
Wuchshöhe: 150 bis 200 cm
Blüte: weiß, Doldentraube
Blütezeit: April bis Mai
Duft: streng
Laub: lanzettlich, bis 4 cm
Herbstfärbung: gelb
Hecke: locker, bis 150 cm
Weitere Verwendungsmöglichkeiten: Hausgarten, Vogelschutzgehölz, Bienenweide, Bauerngarten.
Tipp: In mehrjährigem Turnus alte Triebe nach der Blüte an der Basis entfernen, jedoch ist auch ein radikaler Verjüngungsschnitt möglich, dann folgt allerdings eine Blühpause.

Weiße Rispen-Spiere
Spiraea cinerea 'Grefsheim'

Gruppe: Laubstrauch
Profil: Schnittverträglichste, sehr preiswerte weiß blühende Spiere, die sich dank ihres dichten, buschigen Wuchs zu einer außergewöhnlich anspruchslosen Hecke formieren lässt. Sehr schön sehen sortenreine Hecken aus, aber auch in gemischten Hecken macht der Strauch, der selbst in absonnigen Lagen nicht versagt, eine gute Figur. Platzbedarf für die Blütenfontänen in der Breite: 150 cm.

Braut-Spierenhecken setzen im Mai ohne großen Pflegeaufwand markante Blickpunkte.

Standort: sonnig bis halbschattig
Wuchsform: buschig
Wuchshöhe: 100 bis 150 cm
Blüte: weiß, Doldentraube
Blütezeit: April
Laub: lanzettlich, bis 4 cm
Herbstfärbung: gelb
Hecke: locker, bis 100 cm
Weitere Verwendungsmöglichkeiten: Hausgarten, Vogelschutzgehölz, Bienenweide, Blütentriebe für Schnitt, Bauerngarten, frosthartes Kübelgehölz.
Tipp: Entweder mehrjährige Triebe an der Basis entfernen oder – um die nächstjährige Blütenfülle zu fördern – Triebe nach der Blüte zurückschneiden.

Die Kissen-Spiere 'Little Princess' entfaltet dichte Blütenwälle, die Unkraut sicher unterdrücken.

Kissen-Spiere
Spiraea japonica-Sorten

Gruppe: Laubstrauch
Profil: Beste Spiersträucher für kleinste Blütenhecken mit sehr langer sommerlicher Blütezeit. Die Ziersträucher im Miniaturformat bestechen nicht nur mit verschiedenen Blütenfarben von Weiß über Rosa bis hin zu Karmesinrot. Die absolut pflegeleichten und multifunktionalen Kissen-Spieren fallen zudem durch teils goldgelbe Belaubung angenehm auf.
Standort: sonnig bis halbschattig
Wuchsform: buschig
Wuchshöhe: je nach Sorte bis 80 cm
Blüte: je nach Sorte weiß, rosa, rot, Doldentraube
Blütezeit: Juni bis August
Laub: grün oder buntlaubig, lanzettlich, bis 7 cm
Hecke: locker, je nach Sorte bis 50 cm
Weitere Verwendungsmöglichkeiten: Hausgarten, Bodendecker, Steingarten, Japangarten, Bienenweide, für Tröge, Minigärten.
Tipp: Ein starker Rückschnitt im Frühjahr fördert geschlossenen Wuchs und Blütenfülle.
Sortenauswahl: 'Alpina' (rosa, bis 20 cm), 'Anthony Waterer' (rot, bis 80 cm), 'Goldflame' (rosa, gelbes Laub, bis 60 cm), 'Little Princess' (rosa, bis 50 cm), 'Shirobana' (weiß und rosa gemischt, bis 60 cm).

Die schattenverträgliche Schneebeere, auch als »Knallerbsen-Strauch« bekannt.

Pracht-Spiere
Spiraea vanhouttei

Gruppe: Laubstrauch
Profil: Noch eine Spiere für höhere, blühstarke Blütenhecken, die wenig Arbeit, aber viel Freude bereitet. Die bewährte Pracht-Spiere kennt als weißen Frühlingsblüher jeder Gartenfreund. Trotz oder wegen dieser Volkstümlichkeit ist der Strauch neben Deutzien, Weigelien und Edel-Flieder aus einer pflegeleichten bunten Hecke nicht wegzudenken. Wird mindestens so breit wie hoch, deshalb einen Pflanzstreifen von ca. 2 m einplanen.
Standort: sonnig bis halbschattig
Wuchsform: breitbuschig
Wuchshöhe: 150 bis 200 cm
Blüte: weiß, Doldentraube
Blütezeit: Mai bis Juni
Laub: oval, bis 4 cm
Herbstfärbung: gelb
Hecke: locker, bis 150 cm
Weitere Verwendungsmöglichkeiten: Hausgarten, Vogelschutzgehölz, Bienenweide.
Tipp: In mehrjährigem Turnus alte Triebe an der Basis entfernen, jedoch auch radikaler Verjüngungsschnitt möglich.

Perlenbeere, Schneebeere
***Symphoricarpos doorenbosii*-Sorten**

Gruppe: Laubstrauch
Profil: Der schattenverträglichste Laubstrauch für gemischte Fruchthecken bildet selbst in extrem lichtarmen Grundstücksbereichen zuverlässig einen überreichen Fruchtbehang. Eine Mischung von Sorten mit unterschiedlich leuchtenden Fruchtfarben sorgt für ein Herbsterlebnis der Extraklasse. Absolut problemlos und genügsam. Sehr ergiebige Bienenweide und gesuchtes Vogelnährgehölz, das mit 80 bis 100 cm breiten Pflanzstreifen zurecht kommt. Die Perlenbeere kann als Hecke auch streng formiert werden, trägt dann allerdings deutlich weniger Früchte.
Standort: sonnig bis schattig
Wuchsform: rundlich
Wuchshöhe: 60 bis 100 cm
Blüte: weißrosa, Traube
Blütezeit: Juni bis August
Frucht: je nach Sorte weiß bis rosarot
Laub: eiförmig, bis 4 cm
Hecke: locker, bis 60 cm
Weitere Verwendungsmöglichkeiten: Hausgarten, Bodendecker, Vogelschutzgehölz, Bienenweide, Fruchttriebe für Schnitt, toleriert Vollschatten, für Tröge.
Tipp: Ein jährlicher radikaler Rückschnitt im Frühjahr fördert die Fruchtfülle deutlich.
Sortenauswahl (Fruchtfarbe): 'Amethyst' (lila), 'Magic Berry' (rosarot).

Herbst-Flieder
***Syringa microphylla* 'Superba'**

Gruppe: Laubstrauch
Profil: Mit diesem wuchsdisziplinierten Flieder lassen sich ungewöhnliche Dufthecken gestalten, die sich mit schmalen Pflanzstreifen zwischen 60 und 80 cm Breite begnügen. Steht mehr Raum zur Verfügung, empfiehlt sich eine Vorpflanzung mit weiß blühenden Stauden wie Gänsekresse oder Schleierkraut. Der Duft erfreut nicht nur die Sinne, sondern auch scharenweise Bienen und Hummeln. Einen zusätzlichen Duftbonus gewährt die Nachblüte im Herbst.
Standort: sonnig
Wuchsform: bogig überhängend
Wuchshöhe: 60 bis 100 cm
Blüte: rosa, Rispe
Blütezeit: Mai, Nachblüte im Oktober
Duft: angenehm, intensiv
Laub: oval, bis 6 cm
Hecke: locker, bis 100 cm
Weitere Verwendungsmöglichkeiten: Hausgarten, Bienenweide, als Zierstamm angeboten, Dachgarten, Bauerngarten, frosthartes Kübelgehölz.
Tipp: Ein kräftiger Rückschnitt im Frühjahr steigert die Blütenfülle.

Duftreicher Herbst-Flieder.

Edel-Flieder
Syringa vulgaris-Sorten

Gruppe: Laubstrauch
Profil: Zutat für eine Duft- und Blütenhecke, die im Wonnemonat die Sinne betört. Eine Fliederhecke sollte idealerweise aus verschiedenen Sorten zusammengestellt sein und für eine entsprechende Wirkung frei stehen. Dies bedeutet langfristig einen Platzbedarf in der Breite von Minimum 2 m, besser 3 m. Natürlich können zu großgeratene Fliederwälle durch Schnitt zur Ordnung gerufen werden; dies quittieren sie allerdings mit einer Blühpause von 1 bis 2 Jahren. Bild Seite 22.
Standort: sonnig
Wuchsform: trichterförmig
Wuchshöhe: 150 bis 200 cm
Blüte: je nach Sorte rot, weiß, rosa, violett, cremegelb, Rispe
Blütezeit: Mai
Duft: angenehm, intensiv
Laub: oval, bis 12 cm
Hecke: locker, über 150 cm
Weitere Verwendungsmöglichkeiten: Hausgarten, Blütentriebe für Schnitt, als Zierstamm angeboten, Bauerngarten, in Teichnähe, frosthartes Kübelgehölz.
Tipp: Ein regelmäßiger Schnitt ist nicht üblich, jedoch sind leichte Eingriffe nach der Blüte möglich. Edel-Flieder verträgt auch radikale Verjüngung bis ins alte Holz problemlos, der jedoch eine mehrjährige Blühpause folgen kann. Veredelte Sträucher häufig im Angebot, mögliche Wildtriebe umgehend entfernen.
Sortenauswahl: 'Andenken an Ludwig Späth' (lilarosa, einfach), 'Charles Joly' (purpurrot, gefüllt), 'Katherine Havemeyer' (lilarosa, gefüllt), 'Madame Lemoine' (weiß, gefüllt), 'Michel Buchner' (lila, gefüllt), 'Primrose' (hellgelb, einfach), 'Sensation' (zweifarbig violett/weiß, einfach).

Zu einer duftenden Blütenhecke gehört der Edel-Flieder unbedingt dazu.

Rosa Frühlings-Tamariske
Tamarix parviflora

Gruppe: Laubstrauch
Profil: Die schönste Frühlings-Tamariske mit sehr guter Salztoleranz für magere Standorte (Sand), auf denen andere Blütensträucher versagen. Auffal-

Glockensträucher gelten als robust und absolut pflegeleicht.

lend ist der lockere Wuchs, der einer Blütenhecke filigrane Beschwingtheit verleiht. Beachten Sie den Platzbedarf von ca. 2 m in der Breite.
Standort: sonnig
Wuchsform: breitbuschig
Wuchshöhe: 200 bis 300 cm
Blüte: rosa, Traube
Blütezeit: Mai bis Juni
Laub: schuppenartig, bis 2 cm
Herbstfärbung: gelbrot
Hecke: locker, über 200 cm
Weitere Verwendungsmöglichkeiten: Hausgarten, Bienenweide, für Sandböden, in Teichnähe.
Tipp: Radikaler Rückschnitt möglich.

Glockenstrauch *Weigela*-Sorten

Gruppe: Laubstrauch
Profil: Anspruchslose, boden- und lichttolerante Alleskönner, deren dichtes Laubwerk besten Sichtschutz bietet. Weigelien passen am besten in gemischte Blütenhecken mit Deutzien, Philadelphus und Forsythien, die sie mit ihrer unglaublichen Blühdauer bis weit in den Sommer hinein ergänzen. Beachten Sie den Platzbedarf von ca. 2 m in der Breite.
Standort: sonnig bis halbschattig
Wuchsform: buschig
Wuchshöhe: variabel, bis 250 cm
Blüte: je nach Sorte rot, weiß, rosa
Blütezeit: Juni bis August
Laub: grün oder buntlaubig, eiförmig, bis 10 cm
Herbstfärbung: teils gelb-rot
Hecke: locker, 100 bis 200 cm
Weitere Verwendungsmöglichkeiten: Hausgarten, Bienenweide, rot- und buntlaubige Sorten für Schnitt, schnell wachsendes Gehölz, Bauerngarten.
Tipp: Auslichten in mehrjährigem Turnus ausreichend, aber auch radikaler Rückschnitt wird vertragen, dem jedoch eine Blühpause folgt.
Sortenauswahl: ‘Bristol Ruby’ (karminrot, bis 250 cm), ‘Bouquet Rose’ (rosa, bis 200 cm), ‘Eva Rathke’ (dunkelrot, bis 150 cm), ‘Evita’ (karminrot, bis 100 cm), W. florida (rosaweiß gefleckt, bis 250 cm), W. florida ‘Purpurea’ (dunkelrosa, bis 150 cm, Laub braunrot), ‘Nana Variegata’ (rosa, bis 100 cm, Laub weißbunt), ‘Snowflake’ (weiß, bis 150 cm), ‘Styriaca’ (karminrosa, bis 200 cm), ‘Variegata’ (hellrosa, bis 150 cm, Laub weißbunt).

Heckenpraxis

Damit Hecken sich formschön entfalten und vor allem dauerhaft attraktiv bleiben, ist es wichtig, den Bedürfnissen der Heckenpflanzen optimal zu entsprechen. Denn je schöner die Hecke, desto mehr wird ein Grundstück aufgewertet. Die wesentlichsten Handgriffe sind viel leichter als gedacht.

Vielfältige Angebotsformen

Baumschulen und GartenCenter bieten mittlerweile Gehölze in so unterschiedlicher Art und Weise an, dass Sie rund ums Jahr eine Hecke nach Ihren Wünschen pflanzen können. Natürlich hat alles seinen Preis. Wer mitten im Sommer mit großen Gehölzen im Container eine stattliche Hecken anlegen möchte, muss entsprechend tiefer in die Tasche greifen als Gartenfreunde, die auf eine klassische Angebotsform wie wurzelnackte Gehölze zurückgreifen. Alle Angebotsformen sind wichtig und notwendig, allerdings geht der Trend ganz klar zur Containerware, weil damit der schnelle Pflanzerfolg fast schon garantiert ist.

◀ Die wichtigste Pflegearbeit für die Hecke ist der Schnitt. Wer regelmäßig größere Hecken schneiden muss, sollte sich entsprechend ausrüsten.

Manche Verkaufsstellen bieten sogar schon in länglichen Kästen vorzogene Heckenmodule in verschiedenen Höhen an, mit denen Sie eine Fertighecke quasi über Nacht wachsen lassen können (Adressen siehe im Anhang).

Wurzelnackte Gehölze

Diese Gehölze befinden sich beim Kauf im Zustand absoluter Winterruhe, d.h. die Pflanzen sind laublos, die Triebe gut ausgereift und fest. Ihre Pflanzzeit ist damit begrenzt auf wenige Monate im Jahr. November bis Dezember und Februar bis März sind die üblichen Pflanzzeiten für wurzelnackte Gehölze. Sie können bei dieser traditionellen Angebotsform die Qualität einer Pflanze auf einen Blick erkennen. Ein weiterer Vorteil ist der Preis: Wurzelnackte Gehölze sind die günstigste Einkaufsvariante. Deshalb empfehlen sie sich vor allem bei großen Heckenpflanzungen, die ansonsten sehr teuer werden können. Wenn Sie wurzelnackte Gehölze einkaufen, achten Sie peinlich genau darauf, die Wurzeln bis

Gut sortierte GartenBaumschulen und GartenCenter bieten heute eine Vielfalt an Angebotsformen, mit denen sich alle Gartenfreunde rund ums Jahr ihre Heckenträume erfüllen können.

Die beliebteste Angebotsform sind Containergehölze, die Sie rund ums Jahr pflanzen können.

zum endgültigen Pflanzen niemals ungeschützt Wind und Sonne auszusetzen. Die berühmte englische Gartenschriftstellerin Vita Sackville-West beschreibt den notwendigen Umgang mit dieser Gehölzform in ihrem Buch »Aus meinem Garten« vortrefflich: »So weiß der erfahrene Gärtner, dass er frisch ausgegrabene Wurzeln sogleich bedecken muss, wenn es nicht anders geht, mit einer Seite der neuesten Zeitung, zum Ärger eines jeden, der sie noch nicht gelesen hat – immerhin besser, als die Wurzeln in der Luft austrocknen zu lassen! Er bedeckt sie augenblicklich, innerhalb einer Minute, benützt sein Taschentuch, reißt ein Stück von seinem Hemd ab, falls nichts anderes vorhanden ist. Ich habe schon eine Handvoll feuchtes Gras genommen oder Blätter mit einer Schnur zusammengebunden.«

Der größte Fehler, der im Umgang mit Container-Heckengehölzen gemacht wird, sind vergessene Gießgänge im Sommer. Wässern Sie unbedingt im Sommer gepflanzte Hecken kontinuierlich, bis die Pflanzen gut eingewachsen sind und sich selbst versorgen können.

Containergehölze

Heckengehölze im Container gibt es erst seit einigen Jahren auf dem Markt. Seitdem hat sich diese Angebotsform dank vieler Vorteile rasant entwickelt. Sie sehen, was Sie kaufen, und können das ganze Jahr über, außer bei Frost, pflanzen. Und sie bekommen bereits an der Verkaufsstelle durch das Zusammenstellen einiger Pflanzen eine »Animation« Ihrer Hecke – besonders im Sommer, wenn wurzelnackte Ware nicht mehr pflanzfähig ist, ein unschlagbares Argument. Containergehölze stellen zudem die einzige Möglichkeit dar, der Gartenlust bei schönstem Sommerwetter zu frönen. Allerdings haben Containerpflanzen wegen des höheren Kultur- und Transportaufwands ihren Preis. Sie kosten ein Vielfaches mehr als Pflanzen mit nackter Wurzel, wachsen bei richtiger Pflege aber auch sicher an.

Ballenware

»Ballen« ist ein Kurzbegriff für den Wurzelballen eines Gehölzes, der – zum Transport der Pflanze – mit Erdreich in ein Ballentuch und/oder ein Drahtgeflecht (Drahtballierung) eingeschlagen wird. Ballenware ist auf dem Feld einer Baumschule gewachsen. Der mitballierte Boden erleichtert der Pflanze das Anwachsen und schützt die Wurzeln während der Lagerung vor Wind und Sonne. Wurzelballen werden vor allem für die bekannten Heckennadelgehölze wie Thuja und Scheinzypressen gestochen, aber auch bei Immergrünen darf der Ballen nicht fehlen. Wie eine Containerpflanze hat auch Ballenware ihren Preis, der deutlich über dem der wurzelnackten Angebotsformen liegt.

Einkaufsquellen

Wer eine Hecke pflanzen möchte, wird zunächst einmal entscheiden müssen, in welcher Größe er die gewünschten Pflanzen kauft. Der Handel bietet von zwei- oder dreijährigen wurzelnackten Pflanzen bis zu größerer Ware mit Ballen oder im Container eine Vielzahl von Qualitäten an. Letztendlich wird die Entscheidung vom Geldbeutel mitbestimmt werden – und natürlich der Frage, wann die neue Hecke ihre endgültige Höhe erreicht haben soll. Verschiedene Einkaufswege führen zum gewünschten Heckengehölz: die Bestellung per Post ebenso wie der regionale Einkauf vor Ort in einer Baumschule oder einem GartenCenter.

Postversand

Der Gehölzversand wird eigentlich von wurzelnackten Pflanzen wie Rosen dominiert. Aber auch im Bereich Hecke gibt es Angebote. Dabei handelt es sich vor allem um wurzelnackte Jungpflanzen von Liguster, Buche und Thuja, die oft zu scheinbar sensationell günstigen Preisen um 1 Euro im Anzeigenteil der grünen Publikumspresse von Baumschulen angeboten werden. Tatsächlich lässt sich mit viel gärtnerischem Geschick und noch mehr Geduld aus diesen 20 bis 30 cm »großen« eintriebigen Winzlingen über die Jahre eine Hecke ziehen. Grüneinsteiger sollten allerdings lieber etwas mehr investieren und mehrjährige Pflanzware wählen, wie sie beispielsweise von seriösen Postanbietern in kleinen Topfballen angeboten wird. Auch diese Ware muss natürlich »postfähig« und handlich sein und ist mit der stattlichen Heckenware des Fachhandels vor Ort nicht vergleichbar.

Einkauf vor Ort

Eine Hecke ist meist eine Anschaffung für viele Jahre und Fehler lassen sich im Nachhinein nur schwer korrigieren. Nutzen Sie deshalb die intensive Beratung, wie sie in Baumschulen und GartenCentern angeboten wird. Auch Baumärkte mit angeschlossener Gartenabteilung sind eine Einkaufsmöglichkeit.
Ein wesentlicher Vorteil des Einkaufs in **Baumschulen vor Ort** liegt darin, dass ein Teil der Verkaufsware im Betrieb selbst

GartenBaumschulen zeigen häufig alle gängigen Heckenvarianten in großzügigen Schauanlagen. Wer viel Geld in eine Hecke investiert, sollte dieses Informationsangebot unbedingt nutzen.

Wurzelnackte Heckenware wird in Baumschulen in Verkaufseinschlägen frisch gehalten.

herangezogen wurde und als an die Region klimatisch angepasst gelten darf. Diese Betriebe verfügen über verlässliche, jahrzehntelange Erfahrungen darüber, welche Heckengehölze problemlos in der Region gedeihen und auch Wetterrisiken wie Ausnahmewinter oder Trockensommer weitgehend unbeschadet überstehen. Baumschulen bieten in der Regel, neben den Standardgrößen bis 100 cm Höhe, auch mannshohe Heckenpflanzen im breiten Sortiment an. Für diese Heckenriesen können Sie im Allgemeinen einen Anlieferservice und einen Pflanzdienst in Anspruch nehmen. Am besten lassen Sie sich ein »All inclusive«-Angebot erstellen, wenn Sie sich für eine Fertighecke interessieren.

Viele Baumschulen präsentieren das Thema Hecke auch in Form von aufwändigen Schauanlagen. Die gängigsten Heckenpflanzen sind als Formhecken zu besichtigen. Solche lebenden Pflanzenkataloge sagen mehr als tausend Worte. Sie bekommen unmittelbar einen Eindruck von Ihrer künftigen Hecke und können Ihre Entscheidung absichern.

Auch **GartenCenter** bieten zahlreiche Heckengehölze an, in der Regel in den gängigen Pflanzgrößen bis 100 cm, die leicht zu transportieren sind. In guten GartenCentern ist die Fachberatung selbstverständlich und mit der Kompetenz einer Baumschule vergleichbar.

Baumärkte galten noch bis vor wenigen Jahren als die Billiganbieter auf dem Gehölzmarkt. Alle Qualitätskriterien waren einzig dem Preisdiktat unter-

Fragen Sie beim Einkauf – unabhängig von der Kaufquelle – immer nach dem botanischen Namen bzw. bewahren Sie ein Pflanzenetikett auf, damit Sie eventuell später entstehende Lücken sortenrein ergänzen und schließen können.

Eine vollkommen neue Angebotsform im gärtnerischen Fachhandel sind fertig gepflanzte Heckenmodule in Kästen. Mit diesen Heckenbausteinen können Sie entweder auf der Terrasse oder ausgepflanzt im Garten quasi im Handumdrehen eine Hecke pflanzen.

worfen. Das hat sich deutlich gewandelt, das Qualitäts- und in der Folge das Preisniveau sind merklich gestiegen. Viele Filialmärkte bedienen sich heute der gleichen Zukaufsquellen wie GartenCenter und Baumschulen, die angebotene Ware ist also identisch. Erstaunlich sind aber nach wie vor die immer wieder zu sehr günstigen Preisen angebotenen Heckenpflanzen. Meist handelt es sich um Nadelgehölze wie Hecken-Thuja mit Ballen im Maß 80 bis 100 cm, die teils zu Lockpreisen unter 5 € pro Stück angeboten werden. Wer weniger wählerisch und nicht an eine bestimmte Pflanzenart bzw. -sorte gebunden ist und vor allem eine preisattraktive Heckenlösung sucht, sollte hier – gute Qualität vorausgesetzt – schnell zugreifen.

Qualität

Der Bund deutscher Baumschulen – der Berufsverband der Baumschulen mit Sitz in Pinneberg bei Hamburg – hat für seine über 1500 Mitgliedsbetriebe Gütebestimmungen für alle Baumschulpflanzen festgelegt. Diese Bestimmungen werden europaweit von anderen Berufsverbänden anerkannt und grenzübergreifend bis in alle Handelsstufen akzeptiert. Natürlich können diese Vorgaben lediglich eine Richtschnur sein, denn Pflanzen sind Lebewesen und lassen sich insofern nur schwer normen. Richtlinien, an denen sich die äußere Qualität einer Pflanze messen lassen soll, spiegeln immer eine Idealvorstellung wider, die in der Praxis jedoch bei der Unterscheidung von guter und schlechter Ware helfen kann.

Drehwurzeln bei Containergehölzen

Wenn Sie Heckenware im Container kaufen möchten, sollten Sie den Wurzelballen einer durchschnittlichen Musterpflanze kurz in Augenschein nehmen. Qualitativ hochwertige, ausreichend lange kultivierte Heckengehölze im Container erkennen Sie an der feinen Durchwurzelung, die den gesamten Ballen durchzieht. Der Ballen lässt sich als Einheit, ohne auseinander zu fallen, aus seinem Plastiktopf ziehen. Stehen Gehölze aber zu lange in Containern, neigen sie zu verdickten Wurzeldeformationen (Drehwurzeln). Drehwurzeln erschweren den Durchfluss von Nährstoffen, bremsen das Wachstum, mindern die spätere

Containergehölze mit Drehwurzeln wachsen in der Regel nicht mehr einwandfrei an.

Standsicherheit und führen zu einem frühzeitigen Vergreisen der Pflanze. Derart »überalterte« Ware sollten Sie nicht kaufen, da ein solches Heckengehölz lebenslang Probleme haben wird, ein artgerechtes Wurzelsystem zu entfalten, das es solide im Boden verankert und für eine reibungslos funktionierende Nährstoffaufnahme sorgt.

Ballenware

Wurzelballen bei Heckenthujen und anderen Nadelgehölzen sind in ein Jutetuch eingebunden. Der Wurzelballen sollte fest und kompakt sein. Lassen Sie Ware mit lockeren Ballen, die wie Wassersäcke an den Wurzel hängen, stehen. Diese wurde wahrscheinlich nicht sachgemäß ausgegraben bzw. so lieblos transportiert, dass die Ballen-

Zehn wichtige Heckengehölze in der Preisübersicht

Name	Pflanzenanzahl pro lfd. m	Einkaufsgröße	Kosten pro Pflanze
Feld-Ahorn *(Acer campestre)*	2 bis 3	100 bis 125 cm	4 bis 5 €
Rote Hecken-Berberitze *(Berberis thunbergii* 'Atropurpurea')	4 bis 5	60 bis 100 cm	3 bis 4 €
Hoher Buchsbaum *(Buxus sempervirens* 'Arborescens')	6 bis 8	20 bis 25 cm	6 bis 7 €
Hainbuche *(Carpinus betulus)*	2 bis 3	80 bis 100 cm	7 bis 8 €
Rot-Buche *(Fagus sylvatica)*	2 bis 3	80 bis 100 cm	8 bis 9 €
Garten-Hülse, Stechpalme *(Ilex aquifolium* in Sorten)	2 bis 3	40 bis 60 cm	15 bis 20 €
Schwarzgrüner Liguster *(Ligustrum vulgare* 'Atrovirens')	4 bis 5	60 bis 100 cm	2 bis 3 €
Lorbeerkirsche *(Prunus laurocerasus* in Sorten)	2 bis 3	40 bis 60 cm	10 bis 12 €
Gemeine Eibe *(Taxus baccata)*	2 bis 3	40 bis 50 cm	12 bis 15 €
Brabant-Lebensbaum *(Thuja occidentalis* 'Brabant')	3 bis 4	60 bis 80 cm	8 bis 10 €, in Baumärkten oft als Sonderangebot für 5 bis 6 €

struktur zerstört wurde. Dabei sind sicher zahlreiche Feinwurzeln in Mitleidenschaft gezogen worden. Solche Pflanzen wachsen mit hoher Wahrscheinlichkeit nicht einheitlich an. Die Hecke wird sich in der Folge unregelmäßig entwickeln und nicht dem gewünschten Ideal eines ausgewogenen grünen Walls entsprechen, sondern eher eine Berg-und-Tal-Silhouette ausbilden.

Preise

Die Kosten für eine Hecke lassen sich nicht generalisieren. Zu unterschiedlich sind die Angebotsformen in den Fachmärkten, und auch die Wünsche der Gartenbesitzer unterscheiden sich natürlich. Manche Hobbygärtner sind bereit, über Jahre hinweg junge Pflanzen zu einer Hecke aufzubauen, während andere Gartenfreunde sofort in den Genuss der abschirmenden Wirkung bereits »erwachsener« Heckenpflanzen kommen möchten. Die Preise der nebenstehenden Übersicht beziehen sich auf gängige Verkaufsgrößen. Jungpflanzen können sehr viel billiger, Solitäre teurer sein.
Unsere Übersicht vermittelt jedoch einen guten Eindruck, wie die einzelnen Arten in Relation zueinander stehen. Wertvolle Edelgehölze wie Eiben stellen eben die S-Klasse unter den Heckengehölzen dar und kosten schnell das Mehrfache einer schlichten Ligusterhecke.

Entscheiden Sie selbst: Eine Hecke aus Säulen-Eiben ist zwar ein nicht ganz billiges Vergnügen. Die Edel-Hecke macht dafür aber keine Schnittarbeit und bleibt trotzdem rank und schlank.

Hecken durch Steckhölzer selbst vermehren

Eine sehr Erfolg versprechende Vermehrungsmethode vor allem für Heckensträucher wie Forsythien, Hortensien, Gartenjasmin, Zier-Johannisbeeren, hoch wachsende Spiersträucher, Kolkwitzien, Tamarisken und Weigelien ist der Schnitt von Steckhölzern. Alle genannten Sträucher liefern ausreichend Material für die etwa 20 cm langen bleistiftstarken Steckhölzer, die aus den verholzten Zweigen und Trieben geschnitten werden, die keine Blätter mehr tragen. Bester Schnittzeitpunkt ist Februar bis März. Geschnitten werden die Steckhölzer am einfachsten mit einer scharfen Schere. Stecken Sie die Hölzer direkt an den Endstandort in den lockeren Boden. Lockern Sie schwere Böden vorher durch Sand etwas auf. Nach dem Stecken darf nur noch das oberste, das Holz abschließende Auge aus der Erde herausschauen. Werden die Hölzer zu hoch gesteckt, vertrocknen sie leicht. Die Steckhölzer müssen in der Folgezeit regelmäßig pinziert, d.h. die Triebspitzen immer wieder eingekürzt werden. Sonst entwickeln sich die neuen Pflanzen einbeinig und wenig buschig. Düngen brauchen Sie die Steckhölzer im ersten Jahr nicht; es würde ihre Holzreife nur negativ beeinträchtigen. Auch zur Ausbildung üppiger Wurzeln trägt es bei, wenn die jungen Pflanzen ihre Nährstoffe zunächst selbst suchen müssen. Ab dem zweiten Jahr werden die kleinen Hecken dann normal gedüngt.

Eine aus Steckhölzern vermehrte Hecke braucht etwa vier bis fünf Jahre, bis sie eine heckenähnliche, dichttriebige Gestalt annimmt. Einerseits spart man ein Sümmchen ein. Andererseits gilt es abzuwägen, wie wichtig die »schnelle« Hecke mit fertigen Pflanzen ist.

Schneiden Sie etwa 20 cm lange Teilstücke aus den jungen Trieben der zu vermehrenden Heckenpflanzen.

Stecken Sie diese Teilstücke so tief in die Erde, dass nur noch die oberste Knospe aus dem Boden herausschaut.

Fragen Sie bei Freunden und Nachbarn an, ob Sie in ihrem Garten Steckhölzer für Heckensträucher schneiden dürfen. Einer ausgewachsenen Pflanze schadet das nicht, und Sie sehen auch gleich das Erscheinungsbild des Gehölzes.

Achten Sie unbedingt auf einen ausreichenden Grenzabstand Ihrer Hecke zum Nachbarzaun.

Die Rechtslage

Leider kommt es zwischen Nachbarn immer wieder zu Streitigkeiten darüber, wie weit die Mittellinie einer Hecke von der Grundstücksgrenze entfernt sein sollte. In den einzelnen Bundesländern existieren verschiedene gesetzliche Bestimmungen, die insbesondere die Grenzabstände von Neupflanzungen regeln. Diese Auflagen gelten auch für Hecken und sollten deshalb bei der Planung der Hecke und der Pflanzenauswahl unbedingt mit berücksichtigt werden. Im Allgemeinen wird in den meisten Bundesländern für eine regelmäßig geschnittene Formhecke, die eine Höhe von 1,50 bis 1,80 m nicht überschreitet, ein Abstand von 50 cm vorgeschrieben. Dieser Freiraum zur Grenze muss auch über die Jahre durch regelmäßigen Schnitt freigehalten werden. Gemessen wird dort, wo der grenznächste Pflanzentrieb aus der Erde tritt. Äste dürfen bis an die Grenze heranwachsen. An Hängen wird nicht am abschüssigen Boden, sondern entlang einer gedachten waagerechten Linie zwischen Pflanze und Grenze gemessen. Höhere Hecken begründen in der Regel weitere Grenzabstände. Neben diesen landesrechtlichen Vorschriften gibt es jedoch verschiedene örtliche Sonderregelungen. Die zuständige kommunale Ordnungsbehörde gibt hierüber Auskunft.

Achten Sie gleich bei der Neuanlage einer Hecke auf einen entsprechenden Grenzabstand. Als Faustregel gilt: Der Abstand des Pflanzgrabens vom Zaun muss mindestens so groß sein wie der Durchmesser der geplanten Hecke. Beispiel: Wenn Ihre Hecke insgesamt einen Meter breit werden soll, dann sollten Sie die Pflanzen im Abstand von einem Meter vom Zaun pflanzen. Damit ist auch sichergestellt, dass später ein Freiraum von 50 cm zwischen Hecke und Zaun bleibt.

Wenn es hart auf hart geht

Der Nachbar kann die Beseitigung einer Pflanzung verlangen, die die vorgeschriebenen Mindestabstände nicht einhält. Notwendig sein kann aber auch nur der erzwungene Rückschnitt einer Hecke, wenn dadurch ein den Vorschriften des Gesetzes entsprechender Zustand erzielt werden kann. Allerdings muss der Heckeneigentümer diesen Schnitt aufgrund von naturschutzrechtlichen Vorschriften (zum Beispiel kein Schnitt während Brutzeiten) nicht in der Zeit vom 1. März bis zum 30. September durchführen. Davor und danach gibt es allerdings keine Ausrede mehr. Keinesfalls darf der betroffene Nachbar selbst zur Schere greifen. Außerdem kann der Anspruch auf Beseitigung verjähren.

Juristische Feinheiten

Begrifflich besteht eine Hecke aus mehreren Gehölzen. In den einzelnen Landesverordnungen wird glücklicherweise meist nicht auf bestimmte Heckenpflanzen Bezug genommen. Hecke ist gleich Hecke, entscheidend sind die Heckenausmaße. Aber Vorsicht: Werden diese Gehölze einzeln, also nicht als »Hecke« gesetzt, können vollkommen andere Grenzabstände gelten. Auch frei wachsende Hecken unterliegen anderen Mindestabständen, die von zwei bis zu sagenhaften acht Metern Grenzabstand in den einzelnen Bundesländern reichen können. Im Zweifel informieren Sie sich am besten vor der Pflanzung bei Ihrem Gartenamt. Auch erspart ein klärendes Gespräch mit den Anliegern manchen Ärger. Denn Nachbargärten können durch Schattenwurf oder grenzüberschreitendes Wurzelwachstum durchaus von einer Heckenpflanzung direkt betroffen sein. Mancher nachbarschaftliche Grabenkrieg hätte im Vorfeld vermieden werden können, wenn man sich anstatt auf eine stark wachsende Buchenhecke auf eine gemäßigt wachsende Ligustervariante verständigt hätte. In vielen Bundesländern werden in Streitfällen Schlichtungsverfahren angeboten, die eine gerichtliche Auseinandersetzung vermeiden helfen können. Schlichten können beispielsweise Rechtsanwälte oder Notare. Eine Liste der zugelassenen Schlichtungsstellen erhalten Sie beim Amtsgericht.

Pflanzzeiten

Herbstpflanzung

Für wurzelnackte Heckengehölze und Heckengehölze mit Ballen bleibt der Herbst die beste Pflanzzeit. Ballenware von Nadelgehölzen und Immergrünen kann bereits ab Ende September gesetzt werden, da diese Gehölze dann bereits vollständig mit dem diesjährigen Wachstum abgeschlossen haben. Der Gartenboden ist zu diesem Zeitpunkt noch so warm, dass die frisch gepflanzten Heckengehölze mit neuem Wurzelwachstum beginnen können. Die sommerliche Restwärme des Bodens wird genutzt, die Pflanzen erhalten einen idealen Start.

Nicht vor Ende November ernten Qualitäts-Baumschulen empfindliche Heckenpflanzen wie Rot-Buchen und Hainbuchen. Deshalb können diese auch erst im Spätherbst angeboten und gepflanzt werden. Finger weg von zu früh geernteter Ware, die oft Anwachsprobleme hat und nur schlecht über den Winter kommt.

Frühjahrspflanzung

Im Vorfrühling, also zwischen Februar und März, können Sie

Der Herbst ist die beste Pflanzzeit für wurzelnackte Heckenware. Pflanzen Sie am besten zu zweit. Während einer die Pflanze gerade hält, füllt der Zweite die Pflanzgrube mit Erde auf.

Achten Sie während einer regenreichen Witterungsperiode darauf, die Pflanzstellen nicht durch mehrmaliges Betreten bzw. durch das Überrollen mit Lieferfahrzeugen zu stark zu verdichten. Wenn das nicht zu vermeiden war, brechen Sie diese Verdichtungen unbedingt vor dem Pflanzen auf.

noch wurzelnackte Gehölze pflanzen. Entscheidend für den Pflanzstart sind natürlich die Witterungsverhältnisse. Sobald der Boden frostfrei ist, kann es losgehen. Wer in besonders kalten Lagen bzw. auf extrem schweren, nassen Böden zu Hause ist und das Überwinterungsrisiko ausschließen will, sollte die Frühjahrspflanzung der Herbstpflanzung grundsätzlich vorziehen.

Sommerpflanzung

Über die Vorzüge von Heckenpflanzen in Containern haben wir bereits ausführlich berichtet. Alle in diesem Buch vorgestellten Gehölze werden im gut sortierten Fachhandel im Container angeboten. Von Frostperioden (gemeint sind Perioden mit Bodenfrost, einzelne Nachtfröste bleiben bedeutungslos) abgesehen, können Heckengehölze im Container rund ums Jahr ins Freiland gesetzt werden. Verankert im festen Wurzelballen, bleiben die feinen, lebensnotwendigen Faserwurzeln beim Pflanzen unversehrt und ungestört. Sogar mitten im Sommer ist eine Heckenpflanzung mit Containergehölzen möglich. Wichtig ist dabei aber eine sachgemäße Pflanzung und fortlaufende Bewässerung. Dann wachsen die Pflanzen im Garten auch bei sommerlichen Außentemperaturen risikolos an. Oft werden die Gehölze jedoch »vergessen«, weil der Pflanzenfreund das Selbstversorgungspotential dieser Sofort-Hecken überschätzt. Besonders Nadelgehölze, die Wassermangel nicht sofort durch schlaff herabhängendes Laub signalisieren, werden leicht übersehen. Im ersten Jahr der Pflanzung sind aber alle Containerpflanzen, genauso wie wurzelnackte Heckenware bzw. Pflanzen mit Ballen, auf aufmerksame Versorgung angewiesen. Zwar können insbesondere Nadelgehölze scheinbar sehr lange ohne Wasser überdauern. Sind bei ihnen jedoch erst einmal Trockenschäden sichtbar, lassen sich diese kaum wieder beseitigen.

Mit Heckenpflanzen im Container ist die Pflanzung eines grünen Gartenzaunes mitten im Sommer möglich. Stellen Sie die Pflanzen zunächst im Pflanzabstand aus.

Bodenwahl – immer schön locker

Die beste Voraussetzung für eine gedeihliche Entwicklung Ihrer Heckenträume ist die Wahl von Heckengehölzen, die sich für Ihren Garten eignen. Fast alle in diesem Buch vorgestellten Gehölze besitzen eine ungewöhnliche Standorttoleranz und bilden auf vielen Gartenflächen eine formschöne Heckenstruktur. Ausnahmen sind Gehölze wie Rhododendren, die nur in eingeschränkten Bodenwertbereichen vital wachsen. Für sie muss die Standortwahl besonders präzise vorgenommen werden.
Jeder kultivierte Gartenboden ermöglicht eine Heckenpflanzung. Liegen Verdichtungen vor, müssen Sie diese vor einer Bepflanzung entsprechend lockern und aufbereiten. Ein wichtiger »Auflockerer« im Bodengefüge ist ein hoher Humusanteil. Arbeiten Sie deshalb vor einer Pflanzung beispielsweise Gartenkompost oder eine gute Pflanzerde ein, die den Humusgehalt des Bodens erhöhen.

Entweder Baum oder Hecke: Diese Kirschlorbeerhecke wurde zu dicht an einen Baum gepflanzt. Im Bereich der aktiven Baumwurzeln bleibt die Hecke deshalb licht und schütter.

Licht und Schatten

Standorte für Hecken sind meist sonnig und hell. Dort finden die Pflanzen den wichtigen Betriebsstoff Licht in ausreichenden Mengen vor. Soll eine Hecke in lichtarmer Lage gepflanzt werden, ist eine strenge Auswahl geeigneter Gehölze unabdingdar. Nur sehr wenige Bäume und Sträucher sind ausgesprochene Schattenliebhaber. In Frage kommen für halbschattige Lagen beispielsweise wertvolle immergrüne Gehölze wie Rhododendron und Kirschlorbeer oder schattentolerante Nadelsträucher wie Eiben. Auch diese Gehölze brauchen aber ein Minimum an Licht. Ist dies nicht gewährleistet, sollten Sie auf eine lebende Umfriedung verzichten und lieber eine attraktive Zaunlösung suchen. Andererseits ist für extrem heiße Südlagen ebenfalls eine besonders durchdachte Gehölzauswahl notwendig. Ein wichtiger Indikator für die Hitzeverträglichkeit einer Pflanze ist die Laubgröße. Klein- bzw. schmallaubige Gehölze wie Sanddorn vertragen Hitze im Allgemeinen besser als großlaubige Arten. Natürlich steht die Hitzeverträglichkeit in einem unmittelbaren Zusammenhang mit der Bodenfeuchtigkeit. Die Auswirkungen extrem sonniger Lagen lassen sich durch eine entsprechend gesteigerte Bewässerungsaktivität bis zu einem gewissen Grad ausgleichen. Allerdings sollten Sie bei diesen Überlegungen nicht vergessen, dass die erforderliche Bewässerung mit den Ausmaßen der Hecke von Jahr zu Jahr zunimmt und einen nicht zu unterschätzenden Pflegeaufwand bedeutet. Also nichts für Lazy-Gärtner. Wählen Sie deshalb lieber passende Gehölze für den vorhandenen Standort und aus der Heckenlust wird keine Heckenlast.

Mit der Grabegabel können Sie Wurzelunkräuter mit allen Wurzelteilen komplett entfernen.

Bodenvorbereitung

Die meisten Fehler im Umgang mit Heckengehölzen werden beim Pflanzen gemacht. Da sich Auswirkungen wie beispielsweise Trockenschäden bei wurzelnackter Ware oft nicht mehr ursächlich zurückverfolgen lassen (und deshalb von Fachleuten auch als »verdeckte« Schäden bezeichnet werden), wird rasch den Pflanzen oder dem Pflanzenhändler die Schuld daran gegeben. Dabei beruhen Misserfolge mit Heckengehölzen oft auf Gegenseitigkeit. Wir als Gartenfreunde sind frustiert, weil das Gehölz unsere Erwartungen nicht erfüllt. Das Gehölz darf aber genauso enttäuscht sein, wenn sein Besitzer nicht die für eine gedeihliche Entwicklung notwendigen Voraussetzungen schafft.

Unkrautfreiheit

Entfernen Sie vor dem Pflanzen akribisch alle Wurzelunkräuter samt ihrer Rhizome aus dem Boden. Dies geht am besten mit einer Grabegabel. Die Zinken lösen die Wurzeln komplett aus dem feuchten Boden heraus. Wer hier nachlässig ist, bezahlt später mit doppelt und dreifacher Mühe, denn zwischen den bereits gesetzten Pflanzen jätet es sich ungleich schwieriger.

Gründüngung

Vor allem bei ausgelaugten Böden ist eine Aussaat von Gründüngungspflanzen ab April vor der Pflanzung im Herbst sinnvoll. Sie macht sich insbesondere für eine Heckenpflanzung bezahlt, die auf Jahrzehnte angelegt ist und gute Startbedingungen mit einer entsprechenden Entwicklung dankt. Auch als Bodenverbesserer bei ausgedehnteren Pflanzstreifen lohnt sich auf jeden Fall Gründüngung. Gründüngung ist eine Art Wellnesskur für die Bodenstruktur, die den Humusanteil und in der Folge die Bodenfruchtbarkeit beträchtlich erhöht. (Nebenbei bemerkt sind Gründüngungspflanzen auch Pollenquellen für Bienen, Hummeln und andere Nutzinsekten.) Als Gründüngungspflanzen eignen sich u. a. Schmetterlingsblütler, die den Boden zusätzlich mit Stickstoff anreichern. Kreuzblütler wie Senf liefern organisches Material, das leichte Sandböden aufpeppen kann.
Wenn die Pflanzen im Spätsommer ihren Wachstumshöhepunkt erreicht haben, arbeiten Sie sie oberflächennah in den Boden ein. Lassen Sie zwischen dem Einarbeiten und der Heckenneupflanzung drei bis vier Wochen Zeit vergehen.

Gartenkompost
Das beste Bodenverbesserungsmittel ist und bleibt ein ausgereifter, ausgewogen zusammengesetzter Gartenkompost, den Sie unmittelbar beim Pflanzen mit in die Pflanzgrube geben. Ein Anteil von 30 Prozent Kompost bei einer Neupflanzung ist völlig problemlos. Gartenkompost führt organische Materialien in den Bio-Kreislauf zurück und fördert ein kontrolliertes Wachstum der Heckengehölze. Sie werden nicht gemästet, sondern nehmen die Nährstoffe in Abhängigkeit von der Bodentemperatur auf. Der Einsatz von Kompost bietet außerdem eine naturverträgliche Alternative zur Verwendung des wertvollen Naturrohstoffs Torf.

Humus einarbeiten
Das A und O einer Erfolg versprechenden Heckenpflanzung ist die Bodenvorbereitung. Bei größeren Heckenstreifen lohnt es sich, entweder technische Gerätschaften, die Sie sich ausleihen können, einzusetzen oder einen Landschaftsgärtner mit der Ausführung zu beauftragen. Nur ein lockerer, humusreicher Boden kann den Heckengehölzen auf Dauer Nährstoffe und Wasser in ausreichender Form zur Verfügung stellen. Bringen Sie deshalb möglichst viel Humus in den Boden ein. Wenn Ihnen entsprechende Mengen an Gartenkompost zur Verfügung stehen, können Sie natürlich auch diesen verwenden. Der Humus wird – je nach Flächengröße – entweder mit der Hand oder einem Radlader verteilt und mit Motorfräsen in den Boden eingearbeitet.

Das Pflanzen

Vorbereitungsschnitt

Wurzelnackte Gehölze
Der Einkauf wurzelnackter Heckenware von Laubgehölzen wie Berberitze und Liguster lohnt sich vor allem für die Herbstpflanzung ab Oktober. Diese Lösung ist preiswert, außerdem relativieren sich die Vorteile der teuren Containerpflanzen während der herbstlichen Jahreszeit. Alle Pflanzen werden kräftig zurückgeschnitten! Keine falsche Scheu, auch wenn Sie das Gefühl haben, den Wert Ihrer gerade erstandenen Pflanzen zu reduzieren. Am besten lassen Sie den Schnitt der Triebe und Wurzeln gleich in der Baumschule ausführen. Das erleichtert den Transport und erspart Ihnen die Entsorgung der

Das Entspitzen von Heckenkoniferen nach der Pflanzung fördert einen buschigen Pflanzenaufbau.

Schnittabfälle. Beim Schnitt werden die Triebe etwa um ein Drittel zurückgenommen. Nach dem Schnitt sollte ein Leittrieb jede Pflanze dominieren.
Der Rückschnitt unmittelbar vor der Pflanzung ist unabdingbar und erleichtert das Anwachsen der Heckenpflanzen erheblich. Zudem sorgt er für einen von unten dichten Heckenaufbau. Überlange Wurzeln werden ebenfalls eingekürzt, damit sie gerade

und ohne Knicke und Krümmungen in der Pflanzgrube Platz finden. Die Wurzeln sollten frei in der Luft hängen können. Halten Sie die Schnittstellen an den Wurzeln möglichst klein, damit die Setzlinge geschont werden. Bereits die Rodung in der Baumschule war für die Pflanzen ein einschneidendes Erlebnis, bei dem sie einen Teil ihrer Wurzeln eingebüßt haben. Die verbliebenen Wurzeln müssen die weitere Versorgung der Pflanze gewährleisten. Ihre Masse muss deshalb in einem ausgewogenen Verhältnis zu den oberirdischen Triebteilen stehen.

Container- und Ballenware
Laubgehölze, die als Container- und Ballenpflanzen frisch gepflanzt werden, brauchen eigentlich keinen Pflanzschnitt. Sie wachsen auch so sicher an. Trotzdem sorgt auch bei ihnen ein Rückschnitt für ein noch dichteres, kompakteres Wachstum.
Bei stark wüchsigen Hecken-Thuja und -Zypressen empfiehlt es sich, den Spitzentrieb mit einer Schere herauszuschneiden. Bei der gängigen Sortierung von 80 bis 100 cm Pflanzenhöhe ohne Ballen schneiden Sie ca. 20 cm des Spitzentriebes heraus. Dadurch wird der strenge Säulenwuchs aufgebrochen und die Dichttriebigkeit gefördert. Die Ballen der Heckengehölze sind in ein Ballentuch eingebunden. Dieses darf nicht entfernt werden, sondern wird mitgepflanzt. Es verrottet im Boden nach kurzer Zeit. Den dicken Knoten, mit dem das Tuch geschlossen ist, sollten Sie allerdings öffnen. Bei Containerpflanzen entfernen Sie vor dem Pflanzen selbstverständlich die Töpfe.
Erdballen werden vor dem Pflanzen so lange in Wasser getaucht, bis keine Blasen mehr aufsteigen. In der Regel ist der Ballen nach etwa 30 Sekunden ausreichend mit Wasser gesättigt. Pflanzen Sie niemals trockene Ballen ein, auch nicht bei Regenwetter! Containerware wird auf gleiche Art und Weise getaucht. Wurzelnackte Gehölze legt man komplett oder zumindest mit der Wurzel vor der Pflanzung eine Stunde in ein Wasserbad. Dann haben die Pflanzen Zeit, etwaige Feuchtigkeitsverluste auszugleichen.

Grabenpflanzung

Für Heckengehölze hat sich die Grabenpflanzung bewährt. Heben Sie dazu mit dem Spaten zunächst einen Graben aus, der mindestens doppelt so breit und tief ist wie die Ballen oder die Wurzelmasse Ihrer Heckenpflanzen. Lagern Sie den Aushub auf einer Seite des Grabens und bessern Sie ihn mit Kompost oder einer guten Pflanzerde auf. Lockern Sie nun mit der Spatenklinge die Grabensohle auf und treten Sie danach nicht mehr auf ihr herum. Die Folge wären neue Bodenverdichtungen, die der Wurzelentwicklung der Heckengehölze schaden. Anmerkung für Neubauflächen: Oft wird der Fehler begangen, einen zu schmalen Graben auszuheben und nur innerhalb dieser dünnen Rinne den Boden zu verbessern. Besonders auf ver-

So geht die Grabenpflanzung:
① Richten Sie den Pflanzgraben an einer gespannten Schnur aus.
② Heben Sie mit dem Spaten einen ausreichend breiten Graben aus.
③ Entfernen Sie den schwarzen Kunststofftopf von den Ballenpflanzen.
④ Tauchen Sie die Ballen, bis keine Luftblasen mehr aufsteigen.
⑤ Bessern Sie die Gartenerde mit einer guten Pflanzerde auf.
⑥ Stellen Sie die Pflanzen im Endabstand gerade in den Graben.
⑦ Füllen Sie die Lücken um die Pflanzenballen mit Erde auf.
⑧ Treten Sie die lockere Erde um die Ballen mit der Ferse an.
⑨ Wässern Sie die frisch gepflanzte Hecke immer ausgiebig an.

1
2
3
4
5
6
7
8
9

Alle frisch gepflanzten Gehölze, ob Busch oder Stamm, ob Containerware oder wurzelnackt, brauchen in den ersten Wochen nach dem Pflanzen ausreichend Wasser. Bei trockenem Wetter müssen Sie selbst dafür sorgen – auch bei einer Herbstpflanzung und vor allem, wenn es sich um immergrüne Gehölze handelt.

dichteten Neubauböden führt dies dazu, dass sich die Wurzeln nur innerhalb des Grabens ausbreiten können und nicht auswurzeln. Spätestens nach zwei Jahren kommt es dann zu Wachstumsstörungen, weil die lockere Erde im Graben durchwurzelt und sozusagen aufgebraucht ist. Auf schwierigen Böden ist es deshalb sinnvoll, den Boden zunächst großflächig zu verbessern und dann erst die Hecke zu pflanzen.

Neubauflächen sind fast immer verdichtet und müssen vor der Pflanzung aufgelockert werden.

Zu zweit geht's besser

Gepflanzt wird idealerweise zu zweit. Eine Person stellt die Pflanzen in den Graben und hält sie in Position, während die zweite den Graben mit dem aufgebesserten Erdaushub auffüllt. Der Pflanzabstand hängt von der Pflanzenart und der Pflanzengröße ab. Bei 1 m hohen Hecken-Hainbuchen benötigten Sie beispielsweise etwa fünf Pflanzen pro laufenden Meter. Im Gegensatz dazu fänden auf dem gleichen Meter nur drei 2 m hohe Hecken-Hainbuchen mit Ballen Platz. Hier ist die Fachberatung wichtig, damit die Pflanzen in einem ihrer Größe angemessenen Abstand gesetzt werden. Oft wird zu dicht gepflanzt, in der Hoffnung, dass die Hecke schnell hoch und dicht wird. Langfristig gesehen ist es jedoch sinnvoller, in der Anfangsphase Lücken hinzunehmen, denn ein enges Pflanzen entfacht letztendlich nur einen Kampf um Lebensraum und Licht. Die Folge: Die Hecke kahlt auf. Frühzeitig erkannt, kann man mit einem Rückschnitt gegensteuern. Später hilft nur noch das teilweise Roden einzelner Pflanzen.

Treten Sie nach dem Pflanzen mit dem Absatz die Erde leicht an. (Dabei entsteht ein kleiner Gießrand, der dafür sorgt, dass später beim Wässern das Wasser nicht nutzlos im Garten verläuft, sondern im Bereich der Wurzeln versickert.) Wässern Sie nun mit der Gießkanne ohne Tülle oder dem Gartenschlauch kräftig an. Nicht nur bei trockener Witterung, auch bei Regenwetter sollten Sie gründlich angießen. Setzen Sie dabei aber die Heckenpflanzen nicht übertrieben unter Wasser, sondern lassen Sie das Wasser langsam fließen, so dass es versickern kann, ohne große Pfützen zu bilden. Vor dem Pflanzen war der Boden ein gleichmäßig Luft und Wasser führendes Gefüge. Durch das Ausheben und Wiederauffüllen der Pflanzgrube haben Sie dieses Gefüge verändert. Es sind Hohlräume entstanden, die erst durch gründliches Anwässern wieder geschlossen werden. Dieser Bodenschluss, der »Schulterschluss« zwischen Pflanzenwurzeln und Erde, ist unbedingte Voraussetzung für ein zügiges Anwachsen.

Düngung

Fast alle Heckenpflanzen wachsen in ihrem Anfangsstadium ausgesprochen stark und konkurrieren mit den Nachbarpflanzen um Nährstoffe und Wasser. Eine entsprechende Versorgung mit beidem ist deshalb unverzichtbar, damit es bei angrenzenden Stauden- und Sommerblumenbeeten nicht zu Mangelerscheinungen kommt. Trotzdem kann die Frage berechtigt sein, ob eine Düngung überhaupt notwendig ist. Denn viele Gartenflächen sind mit Nährstoffen nicht unter-, sondern sogar überversorgt. Verlässliche Auskunft gibt eine Bodenuntersuchung, wie sie beispielsweise die LUFAs (Landesuntersuchungs- und Forschungsanstalten) anbieten. Die Institute inserieren in den bekannten Gartenfachzeitschriften. Anhand einer Analyse wissen Sie dann genau, welche Nährstoffe in Ihrem Garten fehlen bzw. reichlich vorhanden sind.

Mineralische Dünger (Kurzzeitdünger)

Mineraldünger sind sofort wirksame Nährstoffkonzentrate, die bei Wasserkontakt in Lösung gehen. Bei entsprechender Bodenfeuchte stehen die Nährstoffe den Heckenpflanzen umgehend zur Verfügung. Dieser Mechanismus hat Vor- und Nachteile. Überdosierte Mengen können von den Pflanzen nicht aufgenommen werden und belasten im ungünstigtsten Fall das Grundwasser. Bitte beachten Sie die Angaben auf den Düngerpackungen. Dosierungen von 50 bis 80 g pro Quadratmeter sind auf den meisten Gartenböden ausreichend. Andererseits sind mineralische Dünger eine sehr preiswerte »Dünger-Feuerwehr«, mit der Sie rasch Mangelsymptome ausgleichen können. Ihr Einsatz empfiehlt sich zum Beispiel bei allen stark wachsenden Heckenpflanzen, die zu großen, übermannshohen Hecken aufgebaut werden sollen. Oder bei Blütenhecken, die jedes Jahr sehr stark zurückgeschnitten werden und deshalb einen entsprechenden Ausgleich für den Verlust an Grünmasse brauchen.
Verteilen Sie Mineraldünger aber niemals nach dem 1. Juli eines Jahres. Spätere Düngergaben würden die Holzreife Ihrer Heckengehölze negativ beeinflussen und die Triebe frostanfälliger machen. An frisch gepflanzte Heckenpflanzen sollten Sie überhaupt niemals mineralische Dünger geben. Auf gut vorbereiteten Beeten stehen den jungen Setzlingen ausreichend Nährstoffe zur Verfügung, so dass eine zusätzliche Salzgabe der Wurzeletablierung und dem Bodenleben nur schadet. Streuen Sie Mineraldünger auch niemals über das Blatt oder die Nadeln einer Heckenpflanze. Durch den hohen Salzgehalt sind Verbrennungen vorprogammiert.

Besonders ergiebig und preiswert sind Entec-Dünger. Bei der neuen Generation dieser ammoniumstabilisierten Dünger gehen nur geringe Mengen an Stickstoff durch Auswaschung verloren. Meist reicht – wie bei den Langzeitdüngern – eine Gabe im Frühjahr aus.

Organische Dünger müssen bereits im Spätwinter ausgebracht werden, damit sie bis zum Wachstumsbeginn im April ihre Düngewirkung entfalten können.

Langzeitdünger

Langzeit- bzw. Depotdünger sind hoch entwickelte mineralische Düngerarten, die zwar etwas mehr kosten als die klassischen Mineraldünger, dafür aber als sehr natur- und pflanzenverträglich gelten, weil sie »mitdenken«: Jedes Düngekorn ist von einer halb durchlässigen Harzhülle umgeben. Diese Hülle sorgt dafür, dass die Körner die in ihnen enthaltenen Nährstoffe temperaturabhängig abgeben. Bei höheren Bodentemperaturen werden mehr, bei niedrigen Temperaturen weniger bis keine Nährsalze freigesetzt. Da das Pflanzenwachstum ebenfalls temperaturabhängig abläuft, passt sich die Menge der abgegebenen Nährstoffe exakt dem Wachstum der Gehölze an. Eine Auswaschung der Nährstoffe ist bei sachgemäßer Dosierung praktisch ausgeschlossen. Depotdünger sind die idealen Startdünger für junge Hecken. Zum Nachdüngen bereits etablierter Heckenwände eignen sich zu Kegeln verklebte Düngerkörner besonders gut. Lockern Sie zum Ausbringen die Erde rund um die Heckenpflanzen – am besten wurzelschonend mit der Grabegabel – und drücken Sie die Kegel im Frühjahr einfach in den Wurzelbereich hinein.

Organische Dünger

Organische Dünger geben ihre Nährstoffe langsam und sehr organisiert ab. Es dauert seine Zeit, bis die Nährstoffe nach dem Abbau durch die Mikroorganismen im Boden den Pflanzen zur Verfügung stehen. Das bedeutet, dass organische Düngerformen mit einem entsprechenden zeitlichen Vorlauf ausgebracht werden müssen.

Hornspäne sind für Heckeneinsteiger die besten organischen Stickstofflieferanten, weil sie Pflanzen und Boden schonen. Bei richtiger Anwendung können selbst ungeübte Gartenaufhänger nicht viel falsch machen. Streuen Sie einfach im Spätherbst etwa 80 (junge Pflanzung) bis 120 Gramm (ältere Pflanzung) pro Quadratmeter rund um die Heckenpflanzung aus. Im Frühjahr folgt die zweite, gleich starke Gabe.

Wohl dem, der einen gut ausgereiften **Gartenkompost** sein eigen nennt, denn Gartenkompost ist der ideale und zugleich preiswerteste Heckendünger. Verwenden Sie nur gut abgelagerten Gartenkompost als Dünger, in Mengen von 1 bis 2 kg pro Quadratmeter, verbunden mit einer Kalkgabe. Bei der Verwendung von **Kompost als Mulchmaterial** kann auch ungesiebter, halbreifer Gartenkompost genommen werden. Auch als Beimischung zur Auffüllerde bei der Heckenpflanzung bietet Gartenkompost viele Vorteile.

Wässern

Erst gut eingewurzelte, ältere Gehölze sind in der Lage, ihren Wasserhaushalt selbst zu regeln. Frisch gepflanzte Heckengehölze – ob klein oder groß – benötigen in den ersten Standjahren zusätzliche Bewässerung. In der Regel reicht das einmalige durchdringende Angießen nach dem Pflanzen nicht aus. Vor allem, wenn Sie während der Sommermonate Containerpflanzen gesetzt haben, dürfen Sie nicht mit der Bewässerung sparen.
Aber auch bereits erwachsene Hecken können im Sommer Durst leiden. Ob ausreichend Wasser im Boden ist, können Sie feststellen, indem Sie ein kleines Loch in den Boden graben. Ist die Erde bis in etwa zehn Zentimeter Tiefe trocken, ist eine gründliche Bewässerung notwendig. Mangelnde Wasserversorgung erhöht die Anfälligkeit der Pflanzen für Krankheiten und Schädlinge und verhindert eine arttypische Entwicklung. Andererseits ist zuviel Nässe genauso schädlich. Viele Gehölze reagieren allergisch auf einen Wasserstau, in dem die Wurzeln förmlich ersticken.
Wässern Sie die Pflanzen nicht über das Laub bzw. die Nadeln. Besonders während heißer Sommertage bedeutet dies einen Kälteschock, der den Pflanzen schaden kann.

Die rechte Zeit

Wichtig ist ein guter Vorrat an Winterfeuchtigkeit, der den Heckengehölzen einen guten Start im Frühjahr ermöglicht. Dies gilt insbesonders für immergrüne Laubgehölze und Nadelsträucher. Im Sommer können Sie Ihrer Hecke zusätzliche Feuchtigkeit durch das flache Lockern der durch Sonne oder Regen verkrusteten Bodenoberfläche verschaffen. Geeignete Werkzeuge hierfür sind Hacke oder Grubber. Ausnahme: Verzichten Sie bei extrem flach wurzelnden Gehölzen wie Rhododendron auf eine Bodenbearbeitung, damit keine Wurzeln verletzt werden.

... und das rechte Maß

Gießen Sie lieber seltener und ausgiebig als oft und sparsam. Legen Sie einen Schlauch direkt an den Wurzelbereich der Gehölze und lassen Sie das Wasser langsam – bei geringem Druck – laufen und versickern. Ziehen Sie den Schlauch nach und nach an der Hecke entlang. Nur durch ausgiebiges Wässern kann Feuchtigkeit in tiefere Schichten gelangen, wo sich die Feinwurzeln befinden. Für Hecken eignen sich auch sehr gut perforierte Schläuche, wie sie im Fachhandel angeboten werden. Aus kleinen Löchern läuft das Wasser dabei ohne Umwege in den Boden.
Stellen Sie bei sommergrünen Gehölzen ab September alle zusätzlichen Wassergaben ein. Die Pflanzen reifen jetzt aus und sind für den Winter gerüstet.
Eine Ausnahme stellen immergrüne Laub- und Nadelgehölze dar, die auch im Winter Wasser verdunsten, besonders wenn sie in vollsonniger Lage gepflanzt sind, was bei Hecken meist der Fall ist. Wässern Sie diese bei Bedarf an frostfreien Wintertagen.

Wässern Sie Heckenpflanzen nie über das Laub, sondern immer über den Boden.

Schnittige Kreativität: Ausgefallene Heckenformen lassen sich leichter als gedacht gestalten und brechen das monotone Einerlei der typischen Kastenhecken auf.

aus, dominieren rasch einzeln stehende lange Triebe, die das ruhige Gesamtbild stören. Folgt dann zur Korrektur ein radikaler Rückschnitt, werden Heckenlöcher aufgerissen, die je nach Gehölzart möglicherweise nie mehr zuwachsen.
Je kleiner die Ausgangsware, desto häufiger müssen Sie in der Anfangszeit zur Schere greifen. Aber auch große Heckenpflanzen brauchen immer wieder Pflege, bis die Solitäre zu einer Einheit verschmolzen sind. Wem Schnittarbeiten lästig sind, der sollte lieber von Anfang an eine lockere Blütenhecke als lebenden Gartenzaun wählen.

Heckenschnitt

Eigentlich sind Heckengehölze wie menschliche Wesen. Sie brauchen Zuwendung, Sonne, Luft zum Atmen, zu essen und zu trinken. Und von Zeit zu Zeit müssen sie zum »Friseur«. Hecken benötigen von Anfang an einen regelmäßigen Schnitt, damit die Schere immer nur in der äußersten, begrünten Heckenperipherie angesetzt werden muss.
Nadelgehölzhecken *(Thuja, Chamaecyparis, Picea, Pinus)* vertragen Rückschnitte sehr gut, wenn nur im Bereich der Spitzentriebe geschnitten wird. Schnitte ins alte Holz dagegen führen dauerhaft zu Kahlstellen.

Lieber weniger und öfter

Deshalb ist es wichtig, in den ersten Jahren lieber etwas häufiger und weniger scharf zu schneiden als umgekehrt. Wie bei einem gepflegten Rasen entsteht ein blickdichter, formschöner Sichtschutz mit einem geschlossenen Gesamteindruck nur dann, wenn Sie durch kontinuierliche Kurzschnitte immer wieder für eine feine Verzweigung sorgen. Fällt der Schnitt

Mit Hilfe der Heckenschere schneiden Sie runde Formen ohne viel Mühe und großen Zeitaufwand.

Wenn Sie wurzelnackte Jungpflanzen gesetzt haben, haben Sie durch den harten Pflanzschnitt bereits für eine bessere Verzweigung und vor allem für ein rasches Anwachsen gesorgt. Ballenware bzw. Containerpflanzen brauchen eigentlich keinen echten Pflanzschnitt; trotzdem sollten Sie zumindest überlange Leittriebe einkürzen, um die Grundlage für eine dichte Hecke zu schaffen.

In den ersten Jahren halbieren Sie zunächst alle Langtriebe der Setzlinge, auch wenn Sie damit Ihre Hecke scheinbar immer wieder »zurückwerfen«. Natürlich will jeder schnell eine hohe Hecke haben. Damit sie aber buschig und blickdicht wird, ist etwas Geduld gefragt. Die meisten Heckenpflanzen sind Sträucher, die immer wieder in die Breite wachsen wollen und sich deshalb nur oberhalb einer Schnittstelle verzweigen. Schnell wachsende, schmale und dichte Heckenwände ergeben von sich aus nur die baumartig wachsenden Laubgehölze Hainbuche und Rot-Buche, die allerdings mit der gleichen Wuchskraft weiterwachsen wollen und deshalb später mehr Schnittarbeit erfordern. Bei den immergrünen Laubgehölzen zeigt nur die Stechpalme einen betonten Aufwärtswuchs. Unkompliziert sind Nadelgehölze, die sich in jede Form bringen lassen. Dies erklärt auch die Beliebtheit von Thuja & Co.

Achten Sie unbedingt auf einen konischen Aufbau Ihrer Hecke. Je höher der grüne Gartenzaun formiert wird, desto ausgeprägter sollte die Trapezform gestaltet werden.

Durchgehend dicht

Achten Sie schon bei den ersten Schnitten auf einen **konischen Aufbau,** den Sie über die Jahre hinweg immer weiter durch entsprechende Schnitteingriffe betonen. Warum? Wenn Sie Hecken konisch, d.h. unten breiter, oben schmaler, schneiden, dann bleiben sie von unten bis oben dicht. Im Laufe der Zeit entsteht eine Trapezform, die für alle Heckenpflanzen gut geeignet ist und für eine bis zum Boden dichte Belaubung sorgt. Die gleichförmige, rechteckige Kas-

Mit stark wachsenden Heckenkoniferen lassen sich in kurzer Zeit auch formierte Torbögen modellieren.

tenform kommt nur für schattentolerante Heckengehölze wie Hainbuche, Buche und Eibe in Frage. Wichtig ist zudem ein ausgewogenes Verhältnis zwischen Heckenhöhe und -breite.

Legen Sie vor dem Schnitt eine Folie vor der Hecke aus. Das erleichtert Ihnen später das Wegräumen des Schnittgutes. Die Folie wird einfach an allen vier Ecken zusammengerafft und zum Komposthaufen getragen.

Zu niedrige Hecken verlieren ihre räumliche Funktion, zu hohe Heckenwände wirken mitunter erdrückend.
Natürlich können Sie Ihre Hecke auch mit einem runden Rücken versehen, der sehr gefällig und nostalgisch wirken kann. Besonders Liguster und Kirschlorbeer müssen nicht unbedingt gerade geschnitten werden. In Dänemark, dem Land der Hecken, schneidet man Hecken meist oben rund. Die Vorteile liegen auf der Hand: Runde Heckenwände lassen sich viel schneller schneiden, kleinere Kurven und Beulen fallen weit weniger auf als bei rechtwinkligen Formen.

Schnitt-Termine

Die besten Schnitttermine für **Laubgehölze** liegen Ende Juni, wenn die Vogelbrut ausgeschlüpft ist, die gefiederten Gartenfreunde ihre Nester verlassen und Gehölze ihr Hauptwachstum bereits abgeschlossen haben. Mit dem Schnitt kann dann die Vitalität des sog. Johannistriebes genutzt werden. Dieser fördert viele Feintriebe, die ihrerseits für Dichte sorgen. Ein früherer Heckenschnitt kann dazu führen, dass Sie brütende Vögel vertreiben. Die Eier werden dann nicht mehr versorgt, bereits geschlüpfte Küken verhungern. Auch im Juli ist noch eine Vogelbrut denkbar. Falls Sie entsprechende Nester bemerken, verschieben Sie den Schnitt. Bei größeren Hecken ist Mitte August die richtige Zeit für den zweiten Schnitt.
Immergrüne Formgehölze wie Buchs und Liguster können ab Anfang Juni immer wieder in regelmäßigen Abständen in Form gebracht werden. Je öfter, desto besser. Vor allem harte Rückschnitte bis in alte Triebpartien sollten Sie bei Immergrünen vermeiden. Bei Nadelgehölzen führen sie sogar zu Kahlstellen, die sich nicht mehr schließen.
Sehr stark wachsende Nadelgehölze können Sie bis zu dreimal zwischen April und September schneiden. Für die klassischen Heckenkoniferen mit mittelstarkem Wuchs genügen zwei Schnitte: einmal etwa Mitte Juli, dann noch einmal im Herbst. Formierte Eibenhecken kommen zur Not auch mit einem einzigen Sommerschnitt aus. Trotzdem gilt auch hier: Je öfter, desto besser. Vor allem formt sich eine Nadelhecke bei häufigen Kurzschnitten sehr viel gleichmäßiger aus. Regelmäßig geschnitten werden vor allem Hecken-Nadelgehölze wie Thuja, Scheinzypressen und andere Koniferen

mit **schuppenartigen** Nadeln im Bereich der jungen Triebspitzen. Nur wer bei diesen Nadelgehölzen regelmäßig zur Schere greift, kann auch stark wachsende Protagonisten wie etwa die Gelbe Baumzypresse *(Cupressocyparis leylandii* 'Castlewellan Gold') auf einer Höhe von 200 cm halten. Einmal hoch gewachsene Nadelgehölze wie Zypressen und Thuja können nicht mehr verjüngt werden. Sie treiben nicht aus ihrem alten Holz aus. Die einzige Ausnahme bilden Eiben, die aus diesem Grund auch als wertvolle Formhecken und -gehölze beliebt sind. Sie können zur Not bis auf ein Fünftel ihrer Größe zurückgeschnitten werden. Bei einigen **nadeltragenden** Arten wie Fichten ist ebenfalls ein Heckenschnitt möglich, wenn die Pflanzen konsequent von der Jugend an geschnitten werden. Bei benadelten Kieferntrieben sollte sich der Schnitt aber auf das Einkürzen der jungen Triebspitzen beschränken. Frische Kieferntriebe können Ende Mai/Anfang Juni um die Hälfte eingekürzt werden.

Das richtige Werkzeug

Mit dem richtigen Schneidwerkzeug geht der Schnitt leicht von der Hand. Schneiden Sie nur mit scharfen und sauberen Scheren. Schartige Wunden und Quetschungen sind potenzielle Krankheitsherde. Das klassische Werkzeug passionierter Garten-»Bildhauer« ist die Hand-Heckenschere. Natürlich kommen Sie in den ersten Jahren des Heckenaufbaues mit einer gewöhnlichen Gartenschere aus. Bei großlaubige Heckenpflanzen wie Kirschlorbeer reicht sogar bis ins hohe Alter eine Gartenschere. Aber für den Formschnitt der klassischen Heckengehölze wie Liguster, Berberitze und Buchs, die rasch zu einem dichten Heckenstreifen heranwachsen, ist eine Heckenschere unerlässlich.

Von Hand...

Für niedrige und kurze, nur einige Meter lange Heckenwälle ist die **Hand-Heckenschere** ein gutes Arbeitsgerät. Achten Sie beim Kauf darauf, dass Sie ein nicht zu schweres Modell wählen. Gute Heckenscheren haben ihren Preis und sind in der Regel nicht unter 30 € zu bekommen. Die Hand-Hecken-

Vor allem bei großlaubigen Hecken empfiehlt sich der Einsatz von Handschneidegeräten. Das Laub wird nicht zerfetzt und bleibt nach dem Schnitt ansehnlich.

Für kleinlaubige Hecken sind elektrische oder motorbetriebene Scheren eine sinnvolle Hilfe.

schere kommt üblicherweise beim Heckenschnitt zum Einsatz, aber auch langes Gras lässt sich mit ihr einkürzen. Bei dicken, bis 1 cm starken Trieben hilft wiederum die Gartenschere. Sie lässt sich ungefährlich mit einer Hand bedienen. Noch dickere Äste erfasst eine **Astschere** bzw. eine Baumsäge.

...oder mit Motorkraft?
Landschaftsgärtner sieht man häufig mit Scheren arbeiten, die mit lauten Benzinmotoren angetrieben werden. Für den Hobbygärtner ist aber die **Akku-Schere** die beste Lösung. Zwar ist diese Arbeitshilfe für alle Lazy-Gärtner in ihrer Leistungskapazität begrenzt, dafür beeinträchtigen weder Kabel noch Benzingestank und Lärm das Schnittvernügen. Immer volle Kraft bieten **Scheren mit Kabelanschluss.** Achten Sie aber auf ein langes, komfortables Anschlusskabel, das Ihnen genügend Bewegungsfreiheit gewährt. Mit einem Clip, der im Fachhandel angeboten wird, können Sie das Kabel der Elektroschere am Gürtel fixieren. Dadurch verringern Sie die Unfallgefahr deutlich. Wer größere Heckenwände zu bearbeiten hat, sollte abwägen, welche Variante die sinnvollste ist. Lassen Sie sich in einem GartenCenter mit angeschlossener Motoristenabteilung ausführlich beraten. Diese Verkaufsstellen führen in der Regel die gängigsten Modelle und bieten auch einen Wartungs- und Reparaturservice an. Auf jeden Fall verringert die elektrische Heckenschere den Kraftaufwand beim Heckenschnitt erheblich, auch, wenn Sie sie nur dafür nutzen, die groben Vorarbeiten für einen dann folgenden »Feinschliff« mit der Hand-Heckenschere zu erledigen. Halten Sie beim Schnitt mit elektrischen Heckenscheren das Schneidblatt immer parallel zur Hecke. Fahren Sie mit ausladenden, schwingenden Schneidbewegungen immer wieder an der Heckenwand entlang, so lange, bis die Laubwoberfläche plan ist. Wenn Sie hohe Hecken schneiden, sind Hilfsgerüste unumgänglich. Achten Sie bei Leitern auf einen sicheren Stand. Der Einsatz einer Wasserwaage sorgt dafür, dass keine Heckenwellen entstehen. Bei längeren Heckenabschnitten ist das Spannen einer mit der Wasserwaage ausgeloteten Schnur ein nützliches Orientierungsmittel.

Heckenschnitt in der Praxis

Sommergrüne Gehölze
Damit es möglichst zu keinen Ausfällen kommt, gehen Sie bei sommergrünen Alt-Hecken wie folgt vor: Im Spätwinter entfernen Sie mit einer Astschere oder Baumsäge auf der Oberseite und an den Seitenwänden alle dicken Äste und Astquirle. Nach dem Schnitt bleiben nur noch Stammstummel mit leichter Seitenholzgarnierung stehen. Natürlich können Sie die Verjüngung auch stufenweise (und damit pflanzenverträglicher) vornehmen und im ersten Jahr zunächst nur eine Flanke, im

Ein harter Schnitt in das alte Holz einer Buchshecke führt zu hässlichen Verbräunungen. Deshalb gilt: Lieber öfter, aber gemäßigter schneiden.

zweiten Jahr dann die andere Flanke zurücknehmen. Gleich, welche Strategie Sie wählen: Achten Sie auf saubere Wunden und verstreichen Sie größere Wundstellen mit einem Wundschlussmittel. Aus den »schlafenden« Knospen, die austriebsfähig an älteren Holzpartien sitzen, treiben die Pflanzen wieder kräftig aus. Manche, wie Eiben oder Rhododendren, lassen mit dem Neutrieb recht lange lange auf sich warten, rühren sich mitunter erst im Sommer. Kein Grund zur Sorge! Bitte düngen Sie jedoch derartig zurückgenommene Pflanzen nicht. Auch eine Bewässerung ist in Jahren mit normalem Witterungsverlauf nicht nötig. Am besten lassen Sie die Gehölze in Ruhe und üben sich in Geduld. Eine Verjüngung erfordert eine regelmäßige Instandhaltung in den nächsten Jahren. Wie bei einer Junghecke müssen überlange, weiche Einzeltriebe immer wieder mit der Heckenschere »frisiert«, d.h. eingekürzt werden, damit eine buschige Heckenstruktur entsteht.

Jeder Rückschnitt birgt aber auch Risiken. Er ist eine im wahrsten Sinne des Wortes einschneidende Operation, die nicht jeder Patient überlebt. Insbesondere äußere Begleitumstände wie mangelnde oder (öfter) übertriebene Pflanzenversorgung, Lebensalter und Schädlinge können auch an sich schnittharten Gehölzen den Garaus machen. Vor allem bei immergrünen Heckengreisen (z. B. immergrüne Berberitzen, Buchs, Kirschlorbeer oder Feuerdorn) ist Vorsicht geboten. Es kann Jahre dauern, bis sie sich erholt und zu einer ansehnlichen Neuhecke entwickelt haben. Mitunter ist es einfacher, eine alte Hecke komplett zu räumen, den Boden aufzubessern und neu zu pflanzen. Oder Sie verteilen den Rückschnitt auf mehrere Jahre, um so die Pflanzen stufenweise

Wenn Sie Ihre Koniferenhecke sicher ruinieren möchten, dann schneiden Sie sie bis in alte Strauchpartien zurück! Diese Wunden können die Pflanzen nie mehr schließen!

Mit Hilfe von Draht und Bambusstöcken nehmen Heckenverzierungen wie diese Öffnung Gestalt an.

zu verjüngen. In Zweifelsfällen holen Sie sich Rat in einer Baumschule oder bei einem Landschaftsgärtner.

Vorsicht bei Nadelgehölzen

Gefährlich ist der Rückschnitt alter Nadelgehölzhecken. Wer Thujen, Scheinzypressen, Fichten oder Kiefern bis ins alte Holz zurücknimmt, muss mit Löchern rechnen, die nicht mehr zuwachsen und eine ganze Heckenfront verunstalten können. Am besten vertragen Nadelgehölze noch einen (maßvollen) Schnitt in der Höhe. An den Flanken darf nur so weit zurückgeschnitten werden, wie der Nadelansatz reicht. Nadellose Triebstummel treiben in der Regel nicht mehr aus.

Heckenbögen gestalten

Kreative Heckenfans sind mit einer schnurgeraden Heckenwand sicher nicht zufrieden zu stellen. Zu den besonderen Herausforderungen zählt auf jeden Fall das Einplanen eines Torbogens, der zum Beispiel ein Gartentor überspannt und die abschottende Wirkung einer Hecke deutlich auflockert. Stellen Sie am besten schon beim Pflanzen der Hecke einen Rosenbogen als entsprechendes Leitgerüst mit auf. An diesen Bogen sollten die Heckenpflanzen dicht anschließen. Lassen Sie bei den Pflanzen, die direkt links und rechts des Bogens stehen, über die Jahre die Leittriebe ungeschnitten und führen Sie sie am Bogen hoch. So entsteht mit den Jahren ein grünes Tor, das Sie genauso wie die Hecke in Form bringen. Wer nicht erst einige Jahre warten möchte, kann in einer Baumschule bereits begrünte Torbögen erstehen. Es gibt beispielsweise Modelle aus Hainbuche in verschiedenen Torausführungen und -höhen. Diese haben allerdings ihren Preis. Preiswerter erhalten Sie mit Kletterpflanzen wie Efeu bestückte Bögen, die einen ähnlichen Effekt garantieren und ebenfalls leicht in Form zu halten sind.

Sie können mit Geduld entweder selbst einen Heckenbogen formieren oder in einer GartenBaumschule bereits mehrere Jahre alte »Fertigbögen« erstehen.

Alte Hecken verjüngen

Hecken-Methusaleme können mit den Jahren vergreisen bzw. so aus der Form gehen, dass sich eine Verjüngung empfiehlt. Natürlich sollte man radikale Verjüngungsmaßnahmen möglichst vermeiden. Bei regelmäßig geschnittenen Formhecken sind sie eigentlich auch nie nötig, müssen aber sein, wenn man zum Beispiel einen alten Garten mit ungepflegter Hecke übernimmt.
Aufgrund ihres guten Austriebverhaltens vertragen die meisten sommergrünen Laubgehölze wie Liguster, Feld-Ahorn, Rot-Buchen und Laub abwerfende Berberitzen, aber auch Eiben und großblumige Rhododendren einen brachialen Rückschnitt gut. Nähere Angaben hierzu finden Sie bei den Porträts (Seite 24 ff.).

Alte Hecken ausbessern

Genauso wie eine perfekte Formhecke das äußere Erscheinungsbild eines Hauses deutlich aufwertet, fallen Heckenlöcher hässlich auf und können dem Besitzer zu einem Dauerärgernis werden. Dabei gibt es verschiedene Möglichkeiten, wie Sie solche »Roststellen« reparieren können. Laubgehölze wie Hainbuche und Liguster bzw. schuppenförmige Nadelgehölze wie Thuja und Scheinzypressen schließen kleinere Löcher relativ schnell. Voraussetzung dafür ist allerdings, dass ausreichend Sonnenlicht auf die entsprechende Stelle trifft. Erleichtern Sie bei mittelgroßen Löchern den angrenzenden Trieben das Zuwachsen, indem Sie Jungtriebe entlang eines Bambusstabes durch die Lücke führen.
Mitunter fallen bei Hecken ganze Pflanzen aus, die große Löcher hinterlassen. Um diese zu schließen, hilft nur noch das Nachpflanzen identischer Ersatzpflanzen. Identisch heißt nicht nur, dass exakt die gleiche Art bzw. Sorte, sondern auch eine entsprechende Pflanzengröße gewählt wird. Ein junger Setzling kann nicht eine Zweimeterpflanze ersetzen. Dicht bedrängt von den Altpflanzen, könnte sie sich, von der optischen Lücke einmal abgesehen, auch nicht entwickeln. Besser ist es sogar, eine Pflanzengröße zu wählen, die über der bestehenden Heckenhöhe liegt. Bereiten Sie vor einer Neupflanzung den Boden sorgfältig vor. Durch die jahrelange Nutzung ist er sicherlich stark beansprucht und verdient eine Aufbesserung. Schneiden Sie

Bessern Sie Lücken nur mit mindestens gleich großen Pflanzen aus. Dieser Ersatz ist zu klein!

die neuen Heckenmitglieder erst, wenn sie sicher angewachsen sind.
Wenn Sie bei der Sortenidentifizierung Ihrer Heckenpflanzen unsicher sind, sollten Sie den Rat eines Fachmannes suchen. Es gibt beispielsweise verschiedene Sorten von Kirschlorbeer oder blaunadligen Scheinzypressen, die sich für den Laien kaum voneinander unterscheiden. In einer geschlossenen Hecke können unterschiedliche Farbtönungen oder Laubformen jedoch ausgesprochen unschön

Gönnen Sie kleineren Heckenpflanzen in den ersten beiden Wintern einen Frostschutz.

wirken. Zur Not muss bei einem Besuch vor Ort geklärt werden, um welche Sorte es sich handelt – auch wenn es Geld kostet. Viel unangenehmer ist eine Flickstelle, die für die gesamte Lebensdauer der Hecke sichtbar bleiben wird. Ansprechpartner für die Sortenbestimmung sind Baumschulen, die Ihnen im Zweifel sicher weiterhelfen.

Winterschutz

Alle in diesem Buch vorgestellten Gehölze gelten als frosthart. Dennoch sind junge Pflanzen von edlen Gewächsen wie Rosen und immergrünen Sträuchern – die zudem aufgrund ihres höheren Preises oft in kleineren Größen gekauft und gepflanzt werden – für einen Schutz in den ersten beiden Wintern nach der Pflanzung dankbar.

Anhäufeln: Etwa 15 bis 20 Zentimeter hoch werden in erster Linie Rosen mit lockerer Lauberde, Gartenkompost und ähnlichem angehäufelt. Auf die jetzt noch herausschauenden Triebe wird zusätzlich Nadelholzreisig gelegt. Dies schützt die Triebe vor austrocknenden Winden.

Reisig: Umstellen Sie junge Heckenpflanzen mit Nadelreisig, damit austrocknende Winde von den Setzlingen ferngehalten werden.

Krankheiten und Schädlinge

Für Hecken geeignete Bäume und Sträucher gelten als sehr robust. Sollten Ihre Heckengehölze also doch einmal von Krankheiten und Schädlingen befallen werden, ist dies meist nur eine vorübergehende Erscheinung, die keinen Anlass zu ernster Sorge geben muss. Scheint ein Einsatz von Pflanzenschutzmitteln unausweichlich, sollten Sie immer nützlingsschonenden und bienenungefährlichen Mitteln den Vorzug geben.

auf einen blick

- Lassen Sie sich gut beraten und besichtigen Sie die anschaulicher Hecken-Demonstrationsanlagen in Baumschulen.
- Exklusive Heckenpflanzen sind of in der Anschaffung etwas teurer, machen aber später dank langsamen Wachstums weniger Arbei
- Achten Sie unbedingt auf einen ausreichenden Grenzabstand Ihre Hecke.
- Pflanzen Sie keine Hecke im aktiven Wurzelbereich großer Bäume.
- Die Grabenpflanzung in Kombination mit einer nachhaltigen Boden lockerung und -verbesserung ist die beste Pflanzmethode für eine Hecke.
- Formieren Sie hohe Hecken grundsätzlich konisch.
- Schneiden Sie Hecken lieber häufiger und schwächer als einmal zu stark. Bleiben Sie dabei mit der Schere im belaubten bzw. benadelten äußeren Bereich der Hecke

Bezugsquellen und Adressen

Bezugsquellen

Heckenpflanzen per Versand

Ahrens & Sieberz
Großversand-Gärtnerei
53718 Siegburg-Seligenthal
Tel.: 02242/889111
www.ahrens-sieberz.de

Baldur-Garten
Postfach 1140
64629 Heppenheim
Tel.: 06251/103510
www.baldur-garten.de

Böhlje
Oldenburger Straße 9
26655 Westerstede
Tel.: 04488/9986-0
www.boehlje.de

Gärtner Pötschke Fachversand
Beuthener Straße 4
41561 Kaarst
Tel.: 01805/861100
www.gaertner-poetschke.de

Gustav Schlüter
Bahnhofstr. 5
25335 Bokholt-Hanredder
Tel.: 04123/2021
www.pflanzenversand-schlueter.de

Wörlein
Baumschulenweg 9
86911 Dießen am Ammersee
Tel.: 08807/9210-0
www.woerlein.de

Fertighecken

Schnell pflanzbare und preiswerte Fertighecken in den gängigen Arten wie Hainbuche, Liguster und Buchs bietet die Firma **Eltima** (www.eltima-fertighecken.de) an. Die Pflanzen stehen in je einen Meter langen Heckenmodulen (aus Maschendraht und Pappe) bereits fertig gepflanzt im optimalen Abstand. Größere Fertighecken findet man bei der norddeutschen Baumschule **Ubbo Kruse** (www.mobile-hecken.de). Ein niederländischer Anbieter komplett fertiger Hecken-Zäune ist die Firma **Mobilane** (www.mobilane.nl).

Ilex und Rhododendron

Hachmann
Brunnenstraße 68
25355 Barmstedt
Tel.: 04123/2055
www.hachmann.de

Rosen

W. Kordes' Söhne
Rosenstraße 54
25365 Klein Offenseth-Sparrieshoop
Tel.: 04121/4870-0
www.kordes-rosen.com

Noack Rosen
Im Fenne 54
33334 Gütersloh
Tel.: 05241/20187

Rosenwelt Tantau
Tornescher Weg 13
25436 Uetersen
Tel.: 04122/70-84
www.rosen-tantau.com

Rosarot Pflanzenversand
Besenbek 4b
25335 Raa-Besenbek
Tel.: 04121/423884
www.rosarot-pflanzenversand.de

Rosen-Union
Steinfurther Hauptstraße 25
61231 Bad Nauheim-Steinfurth
Tel.: 06032/82068
www.rosen-union.de

Bambus und Rhizomsperren

Bambus Eberts
Saarstraße 3–5
76532 Baden-Baden
Tel.: 07221/5074-0
www.bambus.de

Obstgehölze

Herr
Baumschulenweg 19–25
53340 Meckenheim
Tel.: 02225/92080

Weidenruten für Flechtzäune

Freitag
Gartenstraße 21
85354 Freising
Tel.: 08161/91576
www.freitag-weidenart.com

Adressen

Besuchstipp:

Deutschlands älteste und größte Heckengärten sind die Herrenhäuser Gärten in Hannover (www.herrenhaeuser-gaerten.de). Hier finden Sie nicht nur Formhecken aller Art, sondern auch »Hecken auf Stelzen«, nämlich kastenförmig geschnittene Linden, die zu geometrischen Alleen geformt wurden. Einige Superlative aus der 46 Mitarbeiter umfassenden Heckenpflegeabteilung: Zu schneiden sind jährlich u.a. 20 km Hainbuchenhecken und 18 km Buchshecken. Dies dürfte alle Gartenfreunde, die selbst eine Formhecke anlegen möchten, den auf sie zukommenden Schnittaufwand für wenige Heckenmeter als doch überschaubare Last empfinden lassen.

Stichwortverzeichnis

Zahlen mit * verweisen auf Abbildungen

Acer campestre 20, 24
A. c. 'Carneval' 20, 24
Ahorn, Feld- 24
Akku-Schere 88
alte Hecken ausbessern 91
– verjüngen 91
Amelanchier laevis 'Ballerina' 14, 39
Angebotsformen 65, 65*
Anhäufeln 92
Astschere 88
Aufbau, konischer 85
Azalee, Diamant- 55
–, Japanische 55, 55*

Ballenware 66, 69
Bambus, Schirm- 46, 46*
Bambushecke 17, 18*
Bartblume 42
Baumzypresse, Gelbe 36
Berberis 40
B. buxifolia 'Nana' 25
B. candidula 40
B. × stenophylla 40
B. thunbergii 25
B. thunbergii 'Atropurpurea Nana' 12, 26
B. thunbergii 'Atropurpurea' 25
Berberitze, Dotter- 40
–, Grüne Hecken- 25
–, Grüne Polster- 25
–, Immergrüne Dotter- 41*
–, Immergrüne Kissen- 40
–, Kleine Blut- 12, 26, 26*
–, Rote Hecken- 25, 25*
Blauraute 13, 50
Blut-Johannisbeere 14
Blut-Pflaume, Großfruchtige 14
Blütenhecke 12ff., 13*, 15*
–, gemischte 14
– im Herbst 15*
–, locker wachsende 12*
Bodenvorbereitung 76
Bodenwahl 75
Buche, Blut- 29
–, Rot- 28, 29*
Buchenhecke 10*
Buchs, Einfassungs- 26, 27*
Buchsbaum 27*
–, Hoher 27
Buchshecke, Verbräunungen 89*
Buddleja davidii-Sorten 14, 41*
Buxus sempervirens 'Arborescens' 27
B. sempervirens 'Blauer Heinz' 27
B. sempervirens 'Handworthiensis' 27
B. sempervirens 'Suffruticosa' 26

Carpinus betulus 27
Caryopteris-Sorten 42
Chaenomeles 13
Ch.-Sorten 42
Chamaecyparis lawsoniana 'Columnaris' 35
Ch. lawsoniana 'Stewartii' 35
Ch. lawsoniana 'Van Pelt's Blue' 35
Chinaschilf 19
Containergehölze 66, 66*
Containerpflanzen einpflanzen 74*
Cornus alba 'Sibirica Variegata' 15, 43
C. mas 15, 43
Cotinus coggygria 'Royal Purple' 44
Cotoneaster 11
Crataegus monogyna 28
× *Cupressocyparis leylandii* 'Castlewellan Gold' 36

Deutzia gracilis 13, 44
D. scabra 'Plena' 14, 45
Drehwurzeln 69, 69*
Düngung 81 f.

Edel-Flieder 14
Efeu, Strauch- 29
Eibe, Fruchtende Becher- 38
–, Gemeine 37
–, Säulen- 70*
Eibenhecke 9*, 37*
Einfassung 11
Einfassungsbuchs 11
Einfassungshecke 11*
Einkauf vor Ort 67
Entec-Dünger 81
Entspitzen von Heckenkoniferen 77*
Euonymus alatus 'Compactus' 15, 45
E. fortunei-Sorten 11

Fagus sylvatica 28
F. sylvatica 'Atropunicea' 29
Fargesia 18
F. murieliae 46
Fasanenspiere 'Diabolo' 51*
–, Gelbe 51, 51*
Feld-Ahorn 20, 24*
Felsenbirne, Hängende 14, 39, 40*
Fertigbögen 90*
Feuerdorn 34, 34*
Fichte, Rot- 36, 36*
Fingerstrauch 13, 52
Flieder, Edel- 62, 62*
–, Herbst- 61, 61*
Formhecke 7
– schneiden 84*
Forsythia intermedia-Sorten 14, 46
Forsythie 46
Frühjahrspflanzung 73

Garten-Hülse, Fruchtende 30, 31*
–, Gelbbunte 30
–, Weißbunte 30*
Gartenjasmin, Gefüllter 14, 50
Gartenkompost 77, 82
Gartenzypresse, Gelbe 35
Gehölze für Blüten und Fruchthecken 39ff.
Gehölze, wurzelnackte 65
Glockenstrauch 63, 63*
Goldglöckchen 14, 46
Goldglöckchenhecke 47*
Grabenpflanzung 78, 79*
Grashecke 19
Grenzabstand 72
Gründüngung 76

Hainbuche 27, 28*
Hartriegel, Weißbunter Purpur- 43
Hecke pflanzen 73*, 79*
Hecken, mobile im Kübel 20, 68*
Heckenbogen 90*
– gestalten 90
Heckenmodule in Kästen 68*
Heckenpflanzen im Container 74*
Heckenschere, elektrische 88, 88*
–, Hand- 87*
Heckenschnitt 84, 85*, 88
–, zu starker 89*
Heckenware, wurzelnackte 68*
–, Pflanzung 73*
Hedera helix 'Arborescens' 29
Herbst-Flieder 13
Herbstpflanzung 73
Hippophae rhamnoides-Sorten 47
Hornspäne 82
Hortensie, Bauern- 48, 48*
–, Strauch- 47
Humus 77
Hunds-Rose 15
Hydrangea arborescens 'Annabelle' 47
H. macrophylla- und *H. serrata*-Sorten 48
Hypericum 'Hidcote' 48

Ilex altaclarensis 'Golden King' 30
I. altaclarensis 'Silver Queen' 30
I. aquifolium 'J. C. van Tol' 30
I. meserveae 'Blue Prince' 31
I. meserveae-Sorten 20
Inkarho-Rhododendren 17

Johannisbeere, Blut- 55
Johannisstrauch, Kleinblumiger 48

Kapuzinerkresse 19*, 20
Kartoffelrose 13, 15*
Katzenminze 11, 18
Kerria japonica 'Pleniflora' 14, 49
Kiefer, Krummholz- 36
Kirschlorbeerhecke 75*
Kletterpflanzen, ein- und mehrjährige 19, 19*
Kletterrosen 20
Knallerbsen-Strauch 60*
Korkflügelstrauch, Niedriger 15*, 45
Kornelkirsche 15, 43, 43*
Krankheiten 92
Kübelhecken 20, 68*
Kurzzeitdünger 81

Langzeitdünger 82
Laubgehölze für Formhecken 24ff.
Lavandula angustifolia 'Hidcote' 49
Lavendel 11, 18
–, Reichblütiger 49
Lavendelhecke 18*, 50*
Lebensbaum, Brabant- 38
–, Großer Goldspitzen- 39, 39*
–, Smaragd- 38
Lebensbaumhecke, Brabant- 38*
Liguster 23*
–, Gold- 32, 32*
–, Schwarzgrüner 31
Ligustrum ovalifolium 'Aureum' 32
L. vulgare 'Atrovirens' 31
Lorbeerkirsche 33, 33*
Lücken ausbessern 91*

Mahonia aquifolium 32
Mahonie 32
Maiblumenstrauch 13, 44
mineralischer Dünger 81
Miscanthus 19
Mulchmaterial 82

Nadelgehölze für Fomhecken 35ff.

Organische Dünger 82

Pachysandra 11
Perlenbeere 60
Perovskia abrotanoides 13, 50
Perückenstrauch, Roter 44, 44*
Pflanzung 73*, 77ff., 79*
Pflanzzeiten 73

Pflaume, Blut- 52, 52*
Philadelphus 'Virginal' 14
Phyllostachys 18
Physocarpus opulifolius 'Dart's Gold' 51
Picea abies 36
Pinus mugo subsp. *mughus* 36
Postversand 67
Potentilla fruticosa-Sorten 13, 52
Preise 70
Prunus cerasifera 'Nigra' 14, 52
P. laurocerasus-Sorten 33
P. spinosa 15, 53
Purpur-Hartriegel, Weißbunter 15*
Pyracantha-Sorten 34

Qualität 69

Ranunkelstrauch, Gefüllter 14, 49
Ranunkelstrauch-Hecke 49*
Raumteiler 11
Rechtslage 72
Rhododendren, großblumige 53
Rhododendron 17*, 54*
–, -Sorten 53, 55
R. repens-Sorten 54
–, Zwerg- 54
Rhododendronhecke 17, 53*
Ribes sanguineum 'Atrorubens' 14, 55
Rosa-Sorten 13, 15, 56
R. canina 15, 57
R. rugosa 13, 15, 57
Rose, Hunds- 57
–, Kartoffel- 57, 57*
Rosenhecke 16, 16*
Rückschnitt, zu starker 89*

Sanddorn, Frucht- 47
Säulenzypresse, Blaue 35, 35*
Schädlinge 92
Schauanlagen 67*
Scheinzypresse siehe *Chamaecyparis* 35
Schirm-Bambus 46, 46*
Schlehe 15, 53
Schmetterlingsstrauch 14, 41
Schneebeere 60, 60*
Schnitt, maßvoller 90
Schnitt-Termine 86
Schwarzäugige Susanne 20
Sichtschutz 8
Sichtschutzhecke 9, 10
Smaragd-Lebensbaum 20
Sommerpflanzung 74
Spiere 13, 14
–, Braut- 58
–, Kissen- 59, 59*
–, Pracht- 60
–, Weiße Rispen- 58
Spierenhecke, Braut- 58*
Spiraea-Sorten 13, 14
S. arguta 58
S. cinerea 'Grefsheim' 58
S. japonica-Sorten 59
S. vanhouttei 60
Staudenhecke 18
Stechpalme 30
Steckhölzer 71
Steckholzvermehrung 71*
Sternchenstrauch, Gefüllter 14, 45, 45*
Strauch-Hortensienhecke 23*
Strauch-Hülse 20, 31
–, Fruchtende 31
Strauchrosen 13, 16*, 56
–, -Hecke 56*
–, -Sorten 15
Symphoricarpos doorenbosii-Sorten 60
Syringa microphylla 'Superba' 13, 61
S. vulgaris-Sorten 14, 62

Tamariske, Rosa Frühlings- 62
Tamarix parviflora 62
Taxus baccata 37
T. media 'Hicksii' 38
Thuja occidentalis 'Brabant' 38
Th. occidentalis 'Smaragd' 20, 38
Th. plicata 'Aurescens' 39
Torbögen modellieren 86*
Trichterwinde 20

Unkräuter entfernen 76

Verkahlen von Koniferenhecken 89*
Vogelschutzhecke 7*
Vorbereitungsschnitt 77

Wallhecke 7
Wässern 83
Weidenflechtwerk 8*
Weigela-Sorten 63
Weigela florida 63
Weißdorn 28
Werkzeug 87
Wilder Wein 20*
Wildhecke 15
Winterschutz 92

Zierquitte 13, 42, 42*

Bildnachweis:

Borstell: 1, 2/3, 6, 10, 11, 16, 18u, 19, 22, 26, 27o, 31, 41, 43/Einkl., 47, 53, 55, 61, 62, 63, 90u
GBA/Noun: 44
GBA/Bolton: 50
Markley: 4u, 7, 8, 9o, 9u, 15u, 17, 20, 21, 23, 25, 27u, 28, 29, 30, 32, 33, 35, 36, 37, 38, 39, 46, 48u, 49, 51l, 52, 56, 57, 58, 66, 67, 68o, 68u, 69, 70, 71l, 72, 71r, 75, 76, 77, 79, 80, 81, 82, 84o, 85, 86, 89o, 89u, 90o, 91
Redeleit: 5, 12, 64, 65, 83, 88
Reinhard: 4o, 13, 14, 15o, 18o, 34, 40, 42, 43, 45, 48o, 60, 87
Seidl: 24, 51r, 54
Strauß: 59, 73, 74, 84u, 92

Bibliographische Information Der Deutschen Bibliothek

Die Deutsche Bibliothek verzeichnet diese Publikation in der Deutschen Nationalbibliografie; detaillierte bibliografische Daten sind im Internet über http://dnb.ddb.de abrufbar.

BLV Verlagsgesellschaft mbH
München Wien Zürich
80797 München

Umschlaggestaltung:
Studio Schübel, München

Umschlagfotos:
Borstell (Vorderseite oben und unten)
Markley (Rückseite)

Layoutkonzept Innenteil:
Studio Schübel, München

Lektorat: Dr. Thomas Hagen
Herstellung: Hermann Maxant

Layout: Anton Walter, Gundelfingen
Satz: DTP-Design Walter, Gundelfingen

Gedruckt auf chlorfrei gebleichtem Papier

Printed and bound in Germany ·
ISBN 3-405-16606-3

Pflanzenpracht für Ihren Garten

Robert Markley
Ziergehölze für den Garten
Besonders attraktiv, für jeden Garten, überall erhältlich und leicht zu pflegen: die 250 besten Arten und Sorten für jeden Zweck, von Laub- und Nadelgehölzen bis zu Rhododendron und Klettergehölzen – mit wertvollen Praxistipps.

Ziergehölze schneiden
Die besten Schnittmaßnahmen in über 300 Abbildungen: alle Basistechniken für Zierbäume, Ziersträucher, Rosen und Kletterpflanzen; mit Sonderformen, z. B. Schnitt von Hochstämmchen, Hecken und Formgehölzen.

Rosa Wolf / Fotos: Ursel Borstell
Gartenpflanzen Praxis-Handbuch
Ein Muss für jeden Gärtner – das Handbuch mit Langzeitnutzen: über 450 Blumen und Gehölze in ausführlichen Porträts, Kombinations- und Gestaltungsbeispiele mit Pflanzplänen für typische Gartenbereiche, Pflegekalender.

blv garten plus
Walter Hörsch /
Fotos: Ursel Borstell u.a.
Clematis
Die schönsten Clematis – geordnet nach Blütezeit: Verwendung und Kombination, Pflanzung, Pflege, Schnitt, Pflanzenschutz.

blv garten plus
Gerda Tornieporth
Buchs im Garten
Der Buchsbaum, das vielseitige Gehölz für Garten und Kübel: über 25 Sorten und ihre Verwendung; Pflege, Formschnitt, Gestaltung – von der Beeteinfassung über das Labyrinth bis zu geometrischen Formen und Tierfiguren.

Robert Markley
Rosen – Der Praxis-Ratgeber
Die 150 besten Rosen in ausführlichen Porträts; Gartengestaltung mit Rosen, Kombinationsmöglichkeiten mit anderen Pflanzen; Pflege, Schnitt, Winterschutz, Pflanzenschutz.

Im BLV Verlag finden Sie Bücher zu den Themen: Garten und Zimmerpflanzen • Natur • Heimtiere • Jagd und Angeln • Pferde und Reiten • Sport und Fitness • Wandern und Alpinismus • Essen und Trinken

blv

Ausführliche Informationen erhalten Sie bei:

BLV Verlagsgesellschaft mbH • Postfach 40 03 20 • 80703 München
Tel. 089 / 127 05-0 • Fax 089 / 127 05-543 • http://www.blv.de